人気心理学者が教える
「正しい」男の子の育て方・しつけ方

内藤 誼人

成美文庫

まえがき

学校で、「問題児」とされる生徒の90％が男の子。
学習に問題があって、落ちこぼれる子どもの80％以上も、やはり男の子。
完全失業者は、男性１５０万人に対して、女性１００万人。
自殺者は、年間３万件、そのうちの７割が男性……。

今、手元にある統計をざっと眺めてみましたが、男性（男の子）を取りまく環境がいかに厳しいものであるかが、おわかりいただけたかと思います。男として生きていくのは非常に大変なことなんですよ。

男の子をお持ちのお父さん、お母さん。

これから何年（何十年）かしたら、かわいい息子を巣立たせて、過酷な社会に否応なく投げ込まなくてはなりません。今から、しっかり子育てをしておかないと、お子さんが辛い目に遭いますよ。

かわいそうだと思いませんか。

思いますよね。

だとしたら、**今からでも遅くありません。しっかり子育てとしつけをしましょう。**

「子どもの自主性」にまかせて、「子どものやりたいようにやらせる」などというのは、単なる〝育児放棄〟。

親として、どんどん口出しをしてください。やかましく説教をしてください。たとえうるさいと思われようが、煙たがられようが、子どもに嫌われようが、気にしてはいけません。そうしないと、男の子は立派な人間に育ちません。「ウチの両親は、まったく口うるさいな」と子どもに思われるようになれれば、たいしたものです。

子育てに関して、よく植物のたとえが使われます。

「光と水をきちんと与えておけば、植物はひとりでに育つのだ」と。

だから「余計なことをしないほうがいいんだ」と。

すべて、まったくのウソです。

特に、男の子の子育てには当てはまりません。

たしかに、女の子は、それほど手をかけなくとも、立派な人間へと成長してくれます。大人になれば、きれいな花を咲かせてくれるでしょう。

ところが、男の子の場合には、話は別。**男の子を育てるときには、光と水を与えておくだけではダメ**なんです。「これでもか！」というくらいに世話を焼いてあげないと、立派に育ってはくれないんです。放っておくと、しなびたり、枯れたり、茎が曲がったりするので、いちいち矯正して、ものすごく手間をかけてあげないと、まっすぐ育たないのです。

本来は、女の子より、男の子のほうに手をかけなければならないのに、世の親御さんたちは、なぜか女の子のほうに厳しいしつけをします。「それじゃ、あなたがお母さんになったときに困るわよ」とか、「あなたが大人になったとき、どうするの？」と。

ところが、男の子のほうは、「そんなんじゃ、いいお父さんになれませんよ」

とか、「立派な大人になりなさい」などと言われることがあまりありません。これでは、男の子のほうは、ますますダメになってしまいます。

〝自由放任主義〟というのは、カッコいい響きがありますよね。

私も、結婚して子どもを授かるまでは、あまりガミガミ言わずに、子どものやりたいようにやらせるのがよいだろう、と漠然と考えておりました。

けれども、現実には、そんなことをしていると、子どもはワガママのし放題で、社会性も身につかず、勉強もやらず、自己中心的で手におえない人間にしかならないな、ということに気づきました。

それからですよ、私が〝子育ての鬼〟になったのは（笑）。

子どもに厳しくする親は、それだけ立派な親だと思います。

「こんなに厳しくして、本当に大丈夫なのだろうか？」

と不安に感じることこそが、もうすでに立派に親としてのつとめを果たしていると、私は思うのです。自分が子どものために何かをしてあげているからこそ、不安になるのであって、何もしていない親なら、不安すら感じることもないでしょうから。

「子育てに、正解はない」と言われます。

たしかに、私は自分の子育て法が、唯一無二の、絶対の正しい育児法であり、教育法なのだ、などと主張するつもりはさらさらありません。それでも、私は自分のやり方を信じていますし、私の二人の息子たち（中学生と小学生）が、立派な大人になって、過酷な厳しい世の中を乗り越えてくれるだろう、という強い自信を持っています。

「子育てやしつけに、どうも自信がないし、よくわからない…」という親のみなさんに、どうか本書をお読みいただきたいと思います。私の意見をすべて信じる必要はないと思いますが、何らかの指針になることはたしかです。どうか最後までよろしくお付き合いください。

目次

2章 親の威厳を取り戻す

3章 子どもをぐんぐん伸ばす学習法

4章 子育てにまつわる心のモヤモヤを吹き飛ばす

5章 これだけは覚えておきたい子育ての心構え

イラスト　わたなべふみ
デザイン　吉村朋子
DTP　アップライン

1章

子育ての常識は、非常識

1 男の子には、しっかり勉強させるのが正解

教育熱心なことは、何も悪くありません

子どもに勉強をさせながら、不安になる人がいます。

「勉強ばかりさせていて、自由な時間が与えられない。親として最低なんじゃないか？」

「子どもは、もっと子どもらしいことをさせたほうがいいんじゃないか？」

「のびのびとやらせてあげられなくて、申し訳ないな…」

教育熱心な親でしたら、だれでもそんな風に不安になるんじゃないでしょうか。

けれども、教育熱心なことの何が悪いのでしょうか。

ちっとも悪いことなんてないじゃないですか。

かくいう私も、息子たちには厳しく勉強するように言い聞かせております。まだ息子たちが小学校に入学する前のことですが、泣き叫ぶ息子を机に座らせて、勉強するクセをつけさせました。

それが悪いことだとは、微塵も思っておりません。

なぜかというと、**勉強くらいできなければ、大人になってから困ることが目に見えているから**です。

「一流企業だって潰れる時代だから、いい大学を卒業したってアテにならない」

といったことが、よく言われますよね。

でも、こんな主張を論破するのは、いたって簡単です。

「たしかに百貨店大手のそごうは潰れましたけれど、高島屋や伊勢丹、三越はどうですか？　山一證券は消えましたけれど、野村、大和は？」

「一流大学を卒業することに意味はないと言いますけれど、では高卒と大卒では、どれくらい給料が違ってくるのか、ご存知ですか？」（ちなみに、2007年の労働統計によると生涯賃金には4000万円の差がありました。初任給では5万円の差があります）

これでオシマイです。

いい大学を卒業して、いい企業に就職することには、大きな意味とメリットがあります。そして、そのために絶対必要なのが勉強なのです。

教育関係の本を読んでいると、「勉強なんて意味がない！」という乱暴なことを言う方がけっこうたくさんいらっしゃいますが、そんな意見に耳を貸してはいけません。**子どもには、小さな頃から、しっかりと勉強するクセをつけることは、ものすごく大切なこと**なんです。

フロリダ大学のチモシー・ジャッジ博士は、収入がゼロの人を1として、100万ドル以上の人を36として、どういう人ほど、収入が高いのかを調べたことがありました。

すると、**収入を予測するうえで一番関係が強かったのは、「知性」と「学歴」でした**。

結局のところ、勉強をがんばった人ほど、収入も多かったのです。知性と学歴は、成功者へのパスポート。それを得るために、子どもに勉強させることが、悪いことであるはずがありません。

子どもにたくさん勉強をさせている親御さんたち。

私にも覚えがあるんですけれど、「かわいそうだな」と思いますよね。

子どもに同情することもありますよね。

時には、罪悪感で、胸が締めつけられるような気持ちになることも、ありますよね。

でも、**子どもに勉強させるのをやめてはいけません**。「かわいそうだから…」なんて勉強をやめさせたら、後でもっと子どもに苦労をさせることになります。かわいそうだとは思いつつも、それでも心を鬼にして勉強させてください。ビシビシ鍛えてください。それが間違ったことだとは、私は思いません。

2

「学校の勉強は無意味」は本当？

よく聞く意見に騙されないように

「学校で習うことなんて、社会に出たら役に立たないんだ！」

「知識の詰め込み教育は、まったくの無意味だ！」

よく聞かれる意見ですよね。

私も、学生時代には「そうかもしれないな」と思っておりました。

けれども、実際に社会に出て身に染みてわかったのですが、**受験勉強にマジメに取り組んだことは、まったく無意味でないどころか、きわめて有用であったことがわかりました。**

なぜだと思いますか。

それは、社会人になっても、勉強から逃れられないからです。

職種によって違いはあると思いますが、「全然、勉強をしなくていい」仕事なんてありません。学ばなければならないことは、いくらでもあります。知識社会化が進むにつれ、覚えるべきことは、今後ますます増えていきます。

しかし、**小さな頃から〝学ぶ姿勢〟がちゃんとできていれば、大人になってもまったく苦労なんてしないんです。**

会社に入ったら、仕事に必要な知識を学ばなければなりません。

そこで必要とされる知識は、学校時代に学んだ知識とは、まるで違うものでしょう。

その意味では、「学校時代の知識は無意味」であるといえるのですが、覚えるべき内容が違っていても、**勉強のやり方、勉強するときの姿勢がきちんとしている人であれば、新しいことを学ぶのも苦痛ではありません。**

ところが、勉強から逃げまくって、大人になった人は、学ぶことができません。

必要に迫られて、イヤイヤ学ばなければなりませんが、なかなか身につけることは難しいでしょう。

勉強をしっかりしていた子どもは、大人になってからも勉強をします。勉強するのが習慣になっていますから、苦痛でも何でもなく、ただの日常生活の一部になっているのです。

マラソン選手だった高橋尚子さんは、現役時代一日に30キロも走っていたそうです。私たちからすると、とてもキツそうに思えますが、本人は少しも気にしませんでした。なぜなら、「それが当たり前」の習慣になっていたからです。

勉強もそうで、小さな頃から勉強に慣れた子にとっては、勉強するのが当たり前になっていて、本人にとってみたら、別にたいしたことでもないのです。

それにまた、どんなに能率の悪い勉強をしていても、それが独学であっても、何かしら勉強していれば、それなりに成績が伸びます。これは、間違いありません。そして、**「努力すれば、報われる」という得難い教訓を自分自身で体感することができます**。だから、努力を厭わない大人へと成長できるのです。

英国ティーズサイド大学のジム・ゴルビーは、115名のプロラグビー選手を調査し、最高ランクの一流選手と、そうでない選手をわけるものは何かを調べてみました。

その結果「一流選手ほど、練習時間が長い」という、ごく当たり前のことがわかったそうです。**努力している人間が、やっぱり一番強い**のです。

どんな仕事も、努力している人間が成功するのです。

そして、努力を学ぶのにてっとり早い方法が、小さな頃からの勉強習慣なのです。

3

勇気を出して〝強制する〟のが親

しつけには時には強制も必要

「子どもに勉強を強制するのはよくない。本人がやる気になるのをじっと待つのが親の役目だ」などと、したり顔で述べる人がおります。

しかし、はっきり申し上げましょう。

こちらが待っていたら、子どもはいつまで経っても勉強をするようにはなりません。

なにしろ、学校の勉強なんて、もともと面白くもなんともないのですから。親が口を出さなければ、子どもはこれ幸いとばかりに、一日中ずっと遊びまわるでしょう。

親は、勇気を出して子どもに強制しなければなりません。

子どもの言い分に、いつでも耳を貸していたら、教育もしつけもできません。

「勉強しなさい」

「近所の人に、元気な声で挨拶しなさい」

「帰ったら、すぐに宿題を終わらせなさい」

「テレビばっかり見ていないで、早く寝なさい」

すべて強制ですよね。

どんなこともそうだと思うのですが、**「子どもがやりたくなるのを、待つ」なんて悠長なことを言っていたら、何一つしつけることはできません。**

自分から積極的に勉強をし、率先してだれにでも挨拶する…そんな〝よくできた子ども〟は、1万人に1人くらいなものでしょう。他の9999人の子どもには、きっちりしつけをしないと立派な人間になれないんですよ。

教育というのは、どうしても強制力を行使しなければならないんです。

そして、それができるのは「親だけ」なんじゃないでしょうか。「親の権利」として、それを行うのです。学校の先生を含め、他人にはそういう権利はありませんから、なかなか強制することはできません。ですから、中途半端なしつけしかできません。

親であるみなさんなら、それができます。というより、**親であるみなさんしか、それができないのです**。「子どもの人権」を尊重するのはもっともですが、「親の権利」で子どもに強制しないと、ロクでもない大人になってしまうことがあるというのを忘れてはいけません。

4 最初は強制する以外に、有効なやり方なんてない

悪いことは悪いときっちり教えましょう

「あれっ、内藤先生は、心理学者のくせに『子どもには強制してはならない』という基本的な原理を知らないのかな？」

そう思われた読者がいらっしゃるかもしれません。

たしかに、そういう原理があることは知っています。教育系の本を読むと、必ず書かれておりますから、ご存知の親御さんも多いでしょう。

ひとつだけ紹介します。

ノース・キャロライナ州立大学のウィリアム・アーチュル博士が、134名のスクール・カウンセラーと、118名のベテラン教師に、「子どもをうまく扱う方法」を尋ねたところ、「私は先生なんだぞ！」と立場をふりかざしたり、「強制」したりするやり方は、まったく効果がない、と評価されたそうです。

このような結果を示すデータは、たくさんあります。

しかし、ですよ。

「それじゃあ、どうやって強制力なしで子どもをしつけたらいいのか？」という点が重要なんです。

「やさしく言って聞かせる」

というやり方で、本当に効果があげられるんでしょうか。私は、ものすごく懐疑的です。そんなことで、子どもは言うことを聞いてくれません。特に、元気な男の子はそうです。

「やさしく言って聞かせる」ことで効果があげられるとしたら、子どもが小さいうちからみっちりと教育し、何でも素直に親の言うことを聞くようになった、ある程度の分別がついた子どもだけ。

生まれてから数年間の間に、「親は怖い」とか「親の言うことは聞かなければ大変な目に遭う」という思いをした子どもは、大きくなってからも、素直に言うことを聞きます。

この段階になれば、「やさしく言って聞かせる」というやり方も期待できます。「やさしく言っているうちに言うことを聞かないと、怒るよ」と凄んでみせれば、子どもは慌てて言うことを聞いてくれます。

子どもが小さなうちには、「やさしく言って聞かせる」だけという甘いやり方は通用しません。**悪いことは悪い、認められないことは認められない、と厳しくしつけておかないと、子どもは言うことなんて聞かないんです。**

5 みっちりと「型」に仕込むのが正しい教育

自由にするのはしっかりと教育した後に

子どもは「型」にはめない方がよい、とおっしゃる方がたまにいらっしゃいます。偉い教育評論家だったり、有名な大学の先生だったりするので、ついうっかり納得させられてしまいそうになりますが、そんな主張に耳を貸してはなりません。

子どもを「型」にはめない教育は、〝自由〟なのではなく、〝怠慢〟です。**やるべきことをしないのは、子どものためにもなりません。**これは絶対そうです。

「しつけにせよ、人づくりにせよ、強制するのは暴挙だ。そんなことをしているから、日本にはピカソのような天才が生まれないのだ！」

という論があります。

けれども、**「型にはめることなく、教育なんて本当にできるんでしょうか？」と私は、逆に問いたい**のです。ピカソはたしかに天才的な芸術家でしたけれども、デッサン（基礎）を軽視したわけではないですよ。しっかりと絵の描き方の型を学んでいたのです。

天才音楽家のモーツァルトにしても、そうです。

モーツァルトは、自分勝手に音楽の勉強をして天才になったのではありません。父親レオポルトの影響を抜きに、モーツァルトは語れません。とても厳しいお父さんが、子どものモーツァルトに徹底的に「型」を仕込んだのです。モーツァルトは、その上で、音楽の才能を花開かせたのです。

人に教育を施すときには、きちんと型にはめ込んであげるのが正しい姿勢です。

会社でもそうで、部下に自由に仕事をやらせるのはけっこうですが、それはある程度、仕事の経験を積んだ部下に対してだけです。

新人社員に何の研修も教育も行わず、「さあ、自由にやっていいんですよ」などと言ったところで、たいした仕事はできないでしょう。

教育というのは、どんなにきれいごとを言ったところで、型にはめ込んでいかざるを得ないものなのです。そこには、当然のように、強制が働きます。相手が伸びるのをいつまでも待っているわけにはいきませんから。

「子どもが自主的にやる気になるのを待つ」といっても、いつまで待てばいいんでしょうか。ひょっとすると大人になってもやる気にならないかもしれません。そのときに後悔しても遅いんです。「後の祭り」というのは、こういうことを指します。

教育はしっかりやらないとダメなんです。

オーストラリアにあるクイーンズランド大学のロビン・ギリスという心理学者は、6つの中学校のうち、3つの中学校では、先生が厳しく統制した授業を行ってもらいました。

残りの3つの中学校では、生徒の好きなように学ばせました（先生もつけませんでした）。

数か月後、科学と英語の科目に関しての成績を比較したのですが、生徒の自由を認めた中学校では、どちらの成績も劣ることが明らかにされたのです。

放っておいたら、生徒はやる気になんてならないんですよ。

「これ幸い」とばかりに手を抜くに決まっています。

みなさんが小学生、中学生だった頃のことを考えてみてください。

担任が出張などで、自習になったとき、ちゃんと自習をしていましたか。していませんよね。クラス中で大騒ぎして、隣のクラスの先生などに、「お前ら、静かにしろっ！」って怒鳴られませんでしたか。子どもって、放っておかれると、遊びだすに決まっているんですよ。

「自由」だとか「自主性」だとか、そういう美辞麗句に騙されてはいけません。

子どもは喜ぶかもしれませんが、それでは教育は成り立たないのです。

6

何事も最初が肝心

3歳までは厳しく教え込みましょう

小さな子どもには、特に厳しくすべきだと思います。なぜなら、大人になってから厳しくしようとしても、うまくいかないからです。

サーカスにいるライオンやトラ、ゾウといった猛獣たちは調教師の言うことをよく聞きます。頑丈な檻の中に入れているわけではないのに、暴れたり、逆らったりすることはしません。

どうしてだと思いますか。サーカスの調教師たちは、どうやって人間より腕力のある猛獣たちを手なずけているのでしょうか。

そのやり方は、**「赤ちゃんのうちに仕込む」**ことなのだそうです。

〝百獣の王〟と言われるライオンでも、生まれたばかりのときは、小型犬くらいの大きさしかありません。この時期であれば、人間の力でもやすやすと言うことを聞かせられます。

小さいうちに、腕にヒモをつけて柱につないでおくと、ものすごく暴れますが、動くことはできません。暴れて、暴れて、暴れまくっているうちに、ライオンは学習します。「このヒモが腕につけられてしまうと、動けないんだな」と。

これを学習したライオンは、立派に成長してからも、腕にヒモをつけられると、おとなしくなります。「どうせ、動こうとしても動けないんでしょ」ということをさんざん学習した（させられた）ので、今ではヒモを引きちぎるくらいの力があっても、逆らわなくなるんですよ。

人間の子どもも、同じです。

小さな頃に、厳しい顔を見せておけば、子どもは「親に逆らうものではない」「どうせ逆らっても勝てない」ということを学びます。そうなれば、子どもが成長して、腕力で勝てなくなっても、親に逆らうことはしません。

「そんなことをすると、子どもは無気力になっちゃうんじゃないの？」と思う読者がいらっしゃるかもしれませんが、そんなことはありません。むしろ、騒ぐべきときではないときに、静かにしていられる、規律を守れる子どもになります。

子どもを好き勝手に自由放任にしてもいいんですよ。

ただ、それは、ある程度、大人になってからでしょうね。

小さなうちは、厳しくしつけて、しっかりと社会性と規律を身につけさせましょう。その後で、子どもが中学生、高校生になったら、ある程度自由にすればいいんじゃないでしょうか。

「何事も最初が肝心」と言われます。小さなうちなら、子どもは何でも覚えてくれますが、大きくなってからではそうはいきません。音楽を教えるなら3歳までの教育が重要と言われますが、他のしつけに関しても、3歳までにいかに厳しく教え込むのかが重要なのです。

7 男の子は犬のしつけ、女の子はネコのしつけ

男の子には、百回でも千回でも根気よく注意を

男の子には、「犬のしつけ」がうまくいき、女の子には「ネコのしつけ」がうまくいきます。

犬は、悪いことをしたときにすぐにその場で叱れば、「これは悪いことなんだな」ということをしっかりと認識します。厳しくすると、そのぶん、しつけが行き届きます。

では、ネコのほうはどうでしょう。

ネコが悪さをしたときに、「ダメっ！」と大きな声を出しても、ネコは自分が

何か悪いことをしたとは認識しません。ただ、飼い主を嫌いになるだけです。「なによ、いきなり大きな声なんか出しちゃってさ」とふてくされるのです。この辺は、ものすごく女の子に似ていますね。

ちなみに、ネコをしつけるときには、〝天罰方式〟がよいとされています。飼い主が直接に手を出したり、声を荒げたりするのではなく、ネコがテーブルの上にのぼろうとしたら、自分は隠れたところに潜んでいて、オモチャの銃などでパーンと大きな音を出せばよいのです。

ネコはびっくりしてテーブルから飛び降ります。何度かこれをやっていれば、ネコはテーブルにのぼらなくなります。あくまでも、自分では手を下さず、天罰が落ちればいいのです。

女の子は、自分で勝手に失敗し、天罰を食らって痛い目を見ると学習します。

「子どもを放っておいても大丈夫」なのは、女の子だけなのです。

会社でもそうで、女性社員にはあまり口を出さなくても、けっこう自分で学習

ごめんなさい！
コラッ
DOG

しまった…
CAT

してくれます。上司や先輩から、あれこれ口うるさく言われると嫌われるだけなので、そんなことをしなくていいのです。

男性社員は、そうはいきません。その場、その場できちんと叱責、注意、指導を受けたほうが、「なるほど、これはよくないのか」ということを学習してくれます。むしろ、怒られるまでは、自分が悪いことをしているとは思いません。

男の子には、とにかく、くり返し言って聞かせなければダメです。

「一回注意をしたんだから、直してくれるだろう」

などと期待してはいけません。

百回でも、千回でも、言うことを聞くまで注意しつづける根気が親には求められます。そんなことを女の子にすると嫌われてしまいますが、男の子なら大丈夫。どんなに叱っても、やっぱり飼い主を見ると飛びついてくるワンちゃんと一緒で、男の子は、親を嫌ったりしないものなのです。

8 手をあげることをためらってはいけません

子育てのために、時には必要なことも

私は、とにかくよく息子たちにゲンコツをしました。「ました」などと、さりげなく過去形でしゃべっておりますが、今でも言うことを聞かないときには、遠慮なくゲンコツしています。

私の家庭には、「3回ルール」というものがあって、私が同じことを3回注意しても言うことを聞かないときには、遠慮なくゲンコツをしています。

たとえば、息子たちに「テレビを消して、風呂に入れ」と命じたとしますね。

息子たちは、テレビに夢中なので、「わかった、わかったから」などと空返事を

します。

少し経つと、私はまた、「風呂に入れ」と言います。このときには、「2回目…」とボソッとつぶやくのですが、この言葉を聞くと、息子たちはすぐに素っ裸になってお風呂場にかけこんでいきます。

なぜかというと、3回目になると、否応なくものすごく痛いビンタを食らうことを知っているからです。「聞こえなかった」とか、「今日だけは勘弁してよ」などと言ってもダメです。私は、取り合いません。言い訳など認めないのです。それが息子たちにもわかっているので、2回以上は同じことを言われないようになりました。

「子どもに手をあげる親は最低」

そう感じる人がいらっしゃるかもしれません。しかし、**親（を含めて先生や年配者）が何かをするように求めたときには、黙って従うのは当たり前です**。子どももなんですから。

口で言ってわからない子どもには、体に教えるしかありません。

カナダにあるカルガリー大学のエリザベス・パオルッチ博士は、体罰に関して1961年から2000年までに発表されている70の研究を総合的に分析し、「体罰にはよい効果をもたらすこともある」という結論を導いています。

もちろんすべての体罰がよいわけではありませんが、すべての体罰が悪い、というわけでもないんです。この辺を誤解している親御さんが、たくさんいらっしゃいます。

当然、虐待にあたるくらいに子どもを殴ったりするのはよくありません。パオルッチ博士によると、首を絞めたり、突き飛ばしたり、蹴りつけたりするような体罰はよくないそうです。また、道具を使って叩くのもよくありません。年齢でいうと、12歳までの子どもには効果的で、その年齢を超えると、あまり効果がなくなります。また、叩く前には、なぜ叩かれるのかの説明も必要になることも指摘しています。

です。

あれば、子どもを叩いた後には、「申し訳ない」という気持ちでいっぱいのはず

親なんていないんじゃないでしょうか。ごくごく普通の良識を持ち合わせた親で

「子どもを叩く親は、最低」と言われますが、**子どもを殴っていい気持ちがする

　そういう罪悪感を覚えること自体、親としての誠実さを持ち合わせている証拠。

そんな親が、最低であるはずがありません。よほどひどい殴り方をするのでなけ

れば、**子どもにゲンコツをして言うことを聞かせるのも親の役目**でしょう。

「子どもを叩いていると、子どもが大きくなってから、逆に暴力を振るわれるよ

うになるんじゃないか…」ということを心配なさる親御さんがいらっしゃるかも

しれませんが、事実は、逆だと思います。小さな頃に言うことを聞かせられない

親に対して、子どもは暴れるようになるのではないかなと思っています。

9 子どもの要求をすべて飲むことが、愛している証拠ではない

ガマンを教えるのも、親のつとめ

子どもが何かをおねだりしてきたとき、すぐに応じてしまうのは、賢い親ではありません。たとえ、すぐに買い与えることができるものでも、「ガマンしろ」と突っぱねるのが、正しい親のあり方だと思います。

子どもが100円のガチャガチャをやりたいと頼んできたとしましょう。

「100円くらいなら、いいか」とすぐに応じてしまうのは、考えものです。お金が安いから良いとか、高いからダメといった問題ではなく、**ガマンさせる心を教えるのも、親のつとめ**なのですから。

愛することとは、相手の要求を満たしてあげること。

ですから、子どもが欲していることをすべて叶えてあげたいと思うのが、親心というものです。

しかし、子どもの要求を一から十まで、そっくりそのまま聞いてあげるのが、愛情ではありません。何でもかんでも、子どもの言いなりになることを、愛情と勘違いしている人がたまにいらっしゃいますので、それは違うんですよ、と念を押しておきましょう。

「ガマンする」というのは、非常に重要なことです。

これができるかどうかが、子どもと大人を分ける要素であると、私は思っています。

自分の衝動や欲望を、上手にコントロールできるのが大人ですから、子どもが何かをおねだりしてきたときは、ガマンする心を教えるまたとないチャンスではありませんか。

コロンビア大学のウォルター・ミッシェル博士が、『サイエンス』誌に発表している論文によると、「満足を我慢できる子どもほど、学業でも成功しやすく、また社会的に有能な大人になる」そうです。

ガマンするのは、非常に大切なことであると言えるでしょう。

子どもが、「○○したい」と言ってきたときは、すぐに満足させるのではなく、少しだけガマンさせてから応じてあげるのもいいでしょう。拒絶ばかりされていたら、子どももイヤになってしまいます。**応じられるものであれば、ある程度我慢してから、それに応じてあげる**のです。

「ダメだ、一か月我慢しろ」

「ダメだ、お前の誕生日まで我慢しろ」

「ダメだ、お年玉を貯めて、自分で買え」

子どもがおねだりしてきたときには、ガマンする心を養うチャンスですから、これ幸いとばかりに、満足をできるだけ遅らせるやり方を学ばせるのです。

おそらく、子どもは口答えしてくるでしょう、「どうして一か月後なの？ 今すぐじゃ、どうしてダメなの?」と。

その場合には、「欲しいものを手に入れるには、時間がかかるんだ。『一か月待て』って言ったのは、お父さんもお小遣いがなくて、来月にならないとお金がもらえないからだ」とでも答えておけばいいでしょう。

なんでもすぐに満足させてしまうのはよくありません。

耐える心、我慢する心、辛抱強さ、といったものは大人になるためには絶対に必要な条件なのです。なるべく小さなうちから子どもにしっかり教えておきましょう。

10 男の子なのだから、苦労して育ちなさい

強く育てるためには厳しい言葉も必要

読者のみなさんなら、ご理解いただけるでしょう。世の中というのは、**社会というのは、ものすごく苦労する場所**だということを。

子どもを甘く育てるということは、言ってみれば無防備な状態のままで、そういう社会に子どもを投げ込まなければならないということです。そんな危険なことをさせるのは、それこそ親として失格でしょう。泳ぎ方の訓練をひとつもさせないのに、嵐の海に投げ込むようなものなのですから。

子どもには、とにかく苦労をさせてください。

特に、**男の子には、苦労をさせられるだけ、させたほうが自分の身のため**なんです。

「いいかい、大人になったとき、社会というのはものすごく厳しいぞ。今から、準備しておかないで、どうするんだ？　お父さんだって、本当は、お前をずっと守っていてあげたい。けど、大人になったら、もう助けてあげられないんだ。そのとき、お前には一人でも生き抜いてほしいから、今から苦労してほしいんだよ」

子どもの目を見て、マジメな表情でそう語りかけるのです。

母親は、子どもに甘い方も多いですから、私がそういう話を息子にしていると、「やめてくださいよ、子どもを脅かすのは」と注意してきます。しかし、こういう話は絶対に必要ですから、奥さんがいないところで、こっそりと子どもに教えておくのがよいと思います。

なぜ、子どもを脅かすのがよいかというと、「甘い期待」を抱かせないため。

これって、意外に重要なんですよ。

もし子どもにバラ色の人生のお話ばかりしていて、現実に、そういう人生を歩めなかったとき、子どもはどう思うでしょうか？

「人生というのは、親が言うような、甘っちょろいものじゃなかった！」

と現実に打ちのめされてしまいます。

「親はウソばっかりついていた」

と不信感を抱いてしまいます。

その点、子どものうちから、「受験は戦争だぞ」「仕事は甘くないぞ」「世間は厳しいぞ」「貯金をしておかないと、老後に困るぞ」と教えておけば、小さな子どもの心にも、〝覚悟〟のようなものができます。

そして大人になったときに、現実の厳しさに出会っても、「やっぱり、お父さんの言うとおりだった！」「お父さんの言葉は正しかった！」と感謝してくれるでしょう。

もし**甘いことばかり子どもに吹き込んでいたら、楽観的になりすぎてしまって、子どもは将来に向けての準備をはじめません。**だから、少しくらい恐怖を与えておいたほうがいいのです。

「子どもには、明るく、ポジティブな未来を描かせましょう」と言われますが、それも程度の問題ですね。子どもに不安や心配を与えるのがよくないかというと、そんなこともないのです。


ノース・キャロライナ大学のローレンス・ザンナという心理学者は、楽観的な学生は、「どうせ自分はうまくいくよ」と何の根拠もなく思い込むので試験勉強をしないのに対して、悲観的な学生は、「やらないと単位を落としてしまう」という恐怖に駆られてしっかり準備をするので、かえって成績が高くなることもある、というデータを報告しています。

子どもが将来社会に出て困らないためには、今から何を準備しておけばよいか。そういう心構えを叩きこんでおくことも大切なことなのです。

11 服装と身だしなみを100万回注意する

服装をキチンとさせると、心もキチンとします

子どもには、小さな頃から、**口がすっぱくなるほど服装と身だしなみには気をつけるように注意しなければなりません。**


「ほら、またズボンから、シャツが出てる！」

「襟がおかしくなってる！」

「ほら、寝ぐせをちゃんと直して、学校に行きなさい！」

ことあるごとに注意しないと、子どもは改めてくれません。

「まったく、うちの親はうるさいなあ…」とは思うに決まっているんですが、**服装と身だしなみがだらしないと、心のほうもだらしなくなってしまいます。**

服装がピシっとしていると、気持ちまで引き締まってくるのに対して、服装がだらしない子どもは、学習態度も、生活態度も、すべてがダラダラ。

それにまた、子どもの服装がきちんとしていると、周囲の人たちも、「きちんとした子ども」として丁寧に扱ってくれます。

学校の先生だって、だらしない服装の子どもより、きちんとした子どものほうに、いろいろ目をかけてくれます。

英国ウェールズ科学技術大学のニゲル・ブライアントという心理学者は、ある男性にお願いして、ヒッピーのようなだらしない服装に着替えてもらい、街角で署名活動をしてもらいました。このとき、歩行者はあまり署名してくれませんでした。

次に、ブライアントは、同じ男性に普通の服装に着替えてもらって、同じく署名活動をしてもらいました。すると、今度は、署名に応じてくれる人が多くなったそうです。服装がきちんとしていると、同一人物でも親切な対応を受けやすいんです。

周囲の人たちは、子どもを「服装」や「身だしなみ」で判断するんです。だから、**子どもにはきちんとした服装をうるさいほど、それこそ100万回くらい注意したほうがいいんです。**

そういえば、かの有名な物理学者アインシュタインは、着るものに関して無頓着でした。

身だしなみも気にしなかったので、髪の毛もボサボサでした。理髪店に行くのを嫌がったために、妻のエルザに切ってもらっていたそうです。

アインシュタインは、「大切なのは、人間の中身なのであって、外見など気にしない」という価値観の持ち主だったのでしょうが、**それは天才科学者だからそんなことを言えたのであって、私たちが見習ってはいけません。**

たしかに、アインシュタインくらい素晴らしい頭脳の持ち主なら、外見にこだ

わらなくていいでしょう。ですが、アインシュタイン並の頭脳を持っている子どもがたくさんいますでしょうか。いませんよね。だとしたら、「普通にきちんとした服装をさせる」ように指導しなければダメです。

小さな頃に子どもの服装を注意しておかないと、大きくなってから、さらに手に負えなくなります。鼻にピアスをしたり、下着を見せたズボン姿でも、注意できなくなるのです。**とにかく小さな頃から、服装には口うるさい親になってください。**

コラム

どうして子どもに腹が立つのか？

子どもに腹が立ってしまうのは、親自身が、同じような問題を抱えている（あるいは、抱えていたから）ことが考えられます。子どもの問題を見て、自分の問題も否応なく思い出されるので、腹が立ってしまうのです。

たとえば、子どもの頃に内気で、人前で一言もしゃべれなかったお父さんがいるとしましょう。お父さんは、大人になるにしたがって、その内気さを克服できたとします。営業の仕事をやりながら、内気さを消すことに成功できたのです。

けれども、そのお父さんは内気を完全に追放したわけではありません。彼の中には、弱虫でどうしようもなかった頃の、恥ずかしさ、みじめさが、いまなお意識にこびりついているのです。

そのようなコンプレックスを持っているお父さんは、子どもの内気さに我慢できません。

子どもの内気さを見せられるとき、やっと自分で解決できたイヤな記憶が蘇ってくるのです。お父さんの古傷は完全になくなったわけではなく、まだいくらか残っているのです。だから、子どもの内気さが許せず、モジモジしていると、怒ってしまうのです。

そういうコンプレックスを持っていないお父さんは、たとえ子どもがモジモジしていたとしても、別に腹は立ちません。ですから不条理な怒り方もしないですみます。

子どもの性格になんとなく腹が立ってしまうことがあるというのなら、「自分の中に、何かコンプレックスがあるんじゃないか?」と考えるといいでしょう。自分にコンプレックスがあることを意識していれば、少なくともコンプレックスに振り回されることはなくなるからです。

私はというと、子どもの勉強、特に数学に関して、ものすごく厳しい父親です。

子どもが算数の問題を解けないと、腹が立って、腹が立ってしかたありませんでした。

なぜでしょうか。

それは、私が「数学コンプレックス」を感じていたからです。

私は中学生の頃まで、ほとんど数学の勉強もしたことがなく、宿題もやらないような、ものすごくおバカさんでしたので（偏差値が40台でした）、数学に関してコンプレックスを感じていたのです。

高校生になって、不思議と数学が好きになり、それなりに克服できたと思っていましたが、数学が苦手でおバカさんだった頃のイヤな記憶がいくぶん残っていて、それがあるために、子どもに厳しくなりすぎていたのだと気づきました。

これに気づいたとき、子どもがテストで悪い点数を取ってきても、少しも腹が立たなくなりました。「おっ、算数で60点も取ってきたのか？すごいなあ。父さんは、30点くらいしか取れなかったぞ」と、子どもに言ってあげられるようになったのです。

昔、いじめられっ子だったお父さんは、子どもがいじめられて帰ってくると、「どうしてやり返さないんだ！」と怒るでしょう。自分でもやり返すことなどできなかったことは棚に上げておいて、子どもにばかりそれを求めるのは理不尽です。

とにかく自分の中のコンプレックスに気づいてください。そうすれば、子どもの性格や言動も、許せるようになります。

2章

親の威厳を取り戻す

1 生意気な口のきき方を許さないように

家族だからこそ正しい言葉づかいを

子どもを相手に、甘い態度を見せるのはよくありません。**大切なのは、親としての威厳を保ちつづけること**なのです。甘い態度は、虫歯を作る甘味料にしかなりません。

「子どもとは、友だちみたいな関係でいたい」

これは、ある雑誌に出ていた見出しなのですが、何を言ってるんでしょうか。

私は、この見出しに出会ったときに、開いた口がしばらくふさがりませんでした。

子どもは子どもであり、あなたは親。

友だちというのは、あくまで横並びの関係を指しますが、**親と子どもは、明確な上下関係に基づいています。それがなければ、親と子の関係はうまくいきません。**

そういえば、一昔前、職場でも地位関係、上下関係をできるだけなくそう、という運動が流行ったことがありました。「部長」とか「専務」といった肩書を取り払って、「○○さん」と呼びかけよう、などという運動もありました。

そういった会社は、どうなったと思います?

上下関係が曖昧になり、部下は上司の命令を聞かなくなり、業績は悪化して、どうにもならなくなってしまったんですよ。

業績のいい会社では、上下関係がきっちりしていて、部下は上司の言うことをよく聞きます。上司がそうするように、正しく指導を行っているからです。

この辺のくだりにさらに興味がある読者は、染谷和巳さんの『上司が「鬼」とならねば組織は動かず』(プレジデント社)を読んでいただきたいのですが、**上**

下関係があるから、ピシっとした組織ができあがるのです。

学校でもそうですよね。

生徒から、「○○先生」と、きちんと「先生」をつけて名前を呼ばせている先生は、よいでしょう。「先生」だと認識されているわけですから。ところが、「くみちゃん」とか、「文夫さん」などと、自分の名前に「さん」づけで呼ばせている先生は、先生扱いされていないことに気づかなければダメです。

最近では、わざわざ自分のことを「さん」づけで呼ぶようにと指導する先生もいるというので、呆れてしまいます。本人はそれでよいのかもしれませんが、生徒には笑われていますよ。自分のことを「先生」と呼ばせないのは、「先生」であることを自ら放棄してしまっているのと同じです。**先生はあくまで先生なのです。友だちではありません。**

父親は、父親らしくしましょう。

子どもが生意気な口をきいてきたら、ゲンコツをするのが父親です。

私の息子は、「オヤジさあ〜、ちょっとそこのテレビのリモコン取れよ」などと口が裂けても言いません。もしそんなことを言われたら、私は「なんだっ、親に対してその口のきき方は！」とすぐに飛びかかり、ゲンコツをするでしょう。それが父親です。

親に対する口のきき方ができていない子どもは、先生に対しても、世間のだれに対しても、正しい口のきき方ができるわけがないのです。最近の子どもは敬語が使えないと言われますが、家庭でも丁寧な言葉で話すようにしつけなければならないのです。

「言葉づかいの悪さは、育ちの悪さ」と言われます。

正しい言葉づかいができるようになることは、とても大切なことなのです。

華族の教育機関としてスタートした学習院には、いまでも「ごきげんよう」に代表される〝学習院ことば〟が残っているそうですし、英国のウィリアム王子らが通ったことで知られる名門パブリックスクールのイートン校にも、同じく、

〝イートン語〟という厳格な言葉づかいがあるといいます。

将来、子どもを立派な大人にさせたいのであれば、立派な言葉づかいができるように家庭でもしつけてください。

ある心理学のデータによると、「アイスクリームを食べる?」と聞かれたとき、アメリカ人の低所得者層は「Yeah」と答え、中産階級では「Yes」と答え、アッパーミドルクラスでは、「Yes, I would.」と答え、上流階級では「Yes, I would. Thank you.」と答えるそうです。話し方によって、その人の育ちの良さというか、階級がわかってしまうわけです。

子どもは、学校に入学すると、いろいろと汚い言葉を覚えてきますが、それを家庭でも許してはなりません。**将来の子どものためを思えば、言葉づかいに厳しくするのも、立派な親のつとめである**と言えるでしょう。

2 子どもが尊敬できる親になるには？

子どもの前では父親を立ててもらいましょう

私は、父親として威厳をなくさないように、必要ないくらいに威張っています。

妻にも、二人きりのときにですが、「子どもの前では、俺を立ててくれ」とこっそりとお願いしています。

もし奥さんが、自分の夫を丁寧に扱わず、さんざん罵倒している姿を子どもに見せていたらどうですか。奥さんの前で、小さくなって、しょんぼりしているお父さんを見て、子どもは尊敬できるものでしょうか。できるわけがありません。

昔の奥さんは、一家の長である主人に対しては、枕元さえはばかって通らなかったといいます。奥さんは、夫に一目置いていましたし、ぞんざいな口をきいたりしませんでした。会社に出かけるときにも、三つ指をつかれ、敬われて送り出してもらえました。

そんな姿を見て子どもは、「これが父親か」「これが男なのか」と胸を熱くする一方で、「自分も父親のような男にならなくては」と心に誓ったのです。

なんだか時代錯誤のような気がしますか。

たしかに、男女平等の思想が普及している現在からすると、そうなのでしょうね。

私は、べつに男女同権に反対するつもりはさらさらないのですけれども、現在の状況は、「男女同権」が行き過ぎてしまって、「女性上位」になっているような気がしてなりません。

家族のヒエラルキー（階級）でいうと、かつては、父、母、お兄ちゃん、お姉ちゃん…といった順番だったのに、いつの間にか、母、子ども、ペット、最後に父親…みたいになっています。父親の威厳なんて、どこかに吹き飛んでしまったのでしょうか。

これでは、子どもは母親の言うことは聞いても父親の言うことなんて聞きません。私は、それはイヤなので、隠れて奥さんに頭を下げて、**少なくとも子どもたちがいる前では自分を立ててもらっている**わけです。

たとえば、子どもがゲームソフトを買いたいといっても、妻は「パパに聞きなさい」と言います。そう言ってくれるように、あらかじめ頼んでおいてあるのです。これで子どもたちは理解するのです、「うちの家族の決定権は、父親にあるんだな」と。「父親が一番強いのだな」と。こういう細かいことが積み重なって、父親の威厳が出てくるのでしょう。

また私の家庭では、私が仕事で自宅にいなくても、妻は悪口など言ったりしません。いかに私が仕事を頑張っているか、どれだけ大変なのかを息子たちに語ってくれています。そうするようにお願いしてあるのです。

子どもたちは、親の姿をよく観察しています。

お父さんが、お母さんをどれだけ頼りにしているか、お母さんがどれくらいお父さんを敬っているのかをちゃんと知っているのです。そして、自分もそれを見習おうとします。

お母さんがお父さんを大切に扱ってくれれば、自然に、子どももお父さんを大切に思ってくれるようになります（心理学的に言うと、これは「観察学習効果」とか「モデリング効果」と呼ばれます）。

ですので、あらかじめ奥さんに頼んで、自分を立ててもらうのが一番いいやり方なのです。もし子どもが自分をバカにしていて、これっぽっちも言うことを聞かないのだとしたら、それは奥さんのあなたに対する態度や姿勢が悪いのです。

二人きりのときは別として、せめて**子どもの前では、尊敬できる父親であるかのように振る舞ってくれるよう、あらかじめ頭を下げて頼んでおくのがポイント**です。

3 あまり神経質な子に育てない

泥遊び禁止なんて言わないように

親は、子どもを無菌状態で育てようとします。特に母親がそうです。ほんの少しのバイキンで、わが子が死んでしまうとでも思っているのでしょう。

しかし、これは逆です。

子どもには、小さな頃からバイキンに親しませたほうが、結局は免疫がついて、丈夫でたくましい子どもへと成長します。

子どもが砂場で遊んでいると、すぐにやめさせる親がいます。「砂場にはバイキンがいっぱいいいるんだから、薬用せっけんで手を洗いましょうね」と子どもを促して、砂場から去っていきます。

しかし、砂場にいる菌など、流水で10秒も洗えば落ちるんです。よほどのことでなければ石鹸も必要ありません。

東京医科歯科大学の藤田紘一郎教授は、『バイキンが子どもを強くする』（婦人生活社）という本の中で、**日本の行き過ぎた清潔主義に警鐘を鳴らしています。**

人間の体というのは、バイキンだらけなんです。

人間の体に棲みついているバイキンは「常在菌」と呼ばれ、１００兆以上もいるそうです。

といっても、体にとって必要な菌もたくさんいるのですが。それらの菌が全部「汚い」ということになると、「人間そのものが汚い」ということになってしまいます。これでは、人付き合いもできなくなります。

清潔主義が進み過ぎて、自分の汗やウンチの臭いを忌み嫌う子どもが増えているといいます。そういう子どもは、人間が生きものであることさえ否定するようになります。

やがて、読者のみなさんも老いるでしょうし、病気にもなります。老人になりますと、体やおしっこも臭くなります。そのときに、子どもが「汚いもの」として、親に拒絶反応を起こすことは、十分に考えられます。

親であるみなさんが、「電車やバスの手すりには触っちゃダメよ。汚いバイキンがいっぱいなんだから」という教育を施すと、小さな子どもは、親が言うことはすべて正しいと思っていますから、素直にそれを信じてしまいます。こういう子どもは、日常生活の些細なことに過敏になってしまって、神経質な大人になります。

電車やバスの手すりにも触れない子どもが、社会人になって、他人と握手できるでしょうか。できませんよ。「汚い」とか「気持ち悪い」と思うに決まっています。

「人の唾液には、バイキンがいっぱいなの。だから、他の子どもが食べかけのお菓子を分けてあげる、って言ってきても食べちゃダメよ」と教えられた子どもは、たしかに食べかけのお菓子は食べなくなるかもしれませんが、将来、好きな人とキスすることもできなくなるんじゃないでしょうか。

お母さんたちは、いろいろな病原菌が怖いので、どうしても過敏になりがちです。

そこでお父さんの出番です。

お父さんが子どもを野山に引っ張り出して、子どもを泥だらけにさせるのです。汚いものもへっちゃらな男の子に育てましょう。

私も、ドブのような川に入って、ザリガニやドジョウなどをとって見せます。親が気にしていなければ、子どもも気にせず、ドブの中で遊びます。そうやって逞しく育てないと、男の子は強くなれません。ちょっと洋服が汚れたくらいで、神経質になるような人間に育てないためには、まず親自身が汚れてみせることが必要なのです。

4 笑顔で食べれば子どもも喜ぶ

食事は出来る限り子どもと一緒に

食事の栄養を気にしている親御さんはいっぱいいます。わが子に大きく育ってほしい親心なのですが、栄養だけとればいい、というものでもないんですよね。

食事というのは、だれと、どういう雰囲気で食べるのかということが重要です。

一人で、黙々と食事をしていても面白くありません。

そして、人間は面白くないと、食欲がなくなります。

脳下垂体の視床下部というところで、食欲のコントロールがなされているのですが、つまらないと食欲もなくなるのです。

カリフォルニア大学のピョートル・ウィンケルマン博士は、怒った顔の写真と、笑っている顔の写真を用意して、それぞれの写真を見せながらジュースを飲ませるという実験をしたことがあります。

すると、笑っている顔を見ながらジュースを飲ませると、怒っている顔を見せられながらジュースを飲まされたグループよりも、280％も多くジュースを飲んだそうです。人間は、愉快な気持ちだと、たくさん飲み食いするのです。

家族で、ワイワイと愉快な食事をすれば、子どもはたくさん食べます。

子どもを一人で食べさせようとするから、たいして食べられないのです。

「うちの子どもは、食べるのが遅い！」

「うちの子どもは、食が細い！」

と不安に感じる親御さんがいらっしゃいますが、一人で食べさせようとするからよくないのではないでしょうか。お子さんの目の前で、自分も一緒に大笑いしながらムシャムシャ食べていれば、子どもだってたくさん食べてくれますよ。

一緒の食卓を囲むということは、家族の一体感というか、連帯感を強めてくれ

ます。

「同じ釜の飯を食った仲間」というのは、一緒に食事をすることで、連帯感が生まれるという心理を的確に描写していると言えます。

人間は、一緒に食事をとることでより深く、より親密な関係になっていくのですから、家族で食事をとることは、みなさんが思っている以上に重要だと言えます。

最近は、共働き夫婦も多くなり、お子さんと一緒に食事をとることが難しいご家庭もあるかと思いますが、せめて**朝ご飯は一緒に食べるとか、週末には家族で**

一緒に食事をとるとか、そういうルールを決めておくとよいかもしれませんね。

お父さんがつまらない冗談を言い、子どもがそれにツッコミを入れる…。

そんな和やかな食事がとれるようになれば、家族間でのコミュニケーションもうまくとれ、子どもが非行に走ったりすることも抑制できるものです。

子どもが自分の部屋で、一人で食事したりするのを認めてはなりません。

「僕は一人で食べるから、部屋に持ってきてよ」

などと子どもが言ってきたときには、

「一緒に食べないなら、お前はご飯を食べなくていい。いや、台所で食べないなら、お前はこの家から出ていけ！」

と本気で怒ってください。**家族で食事をとるのは、それくらい大切なこと**なのですから。

5 言われたこと以上のことをやれるようにする

小さい頃からお手伝いクセをつけさせましょう

子どもに家事をやらせることは重要です。

最近は「勉強だけしていればいい」と考える親が多いのですが、これは感心できません。なぜなら、「他の事は何もやらなくていいんだ」と子どもが考えるようになってしまうからです。

昔の子どもは、下の兄弟のおもりをしたり、朝ご飯を作るのを手伝ったり、お風呂洗いをしたり、玄関先をホウキで掃いたりするのが当たり前でした。昔は、やることがいっぱいあったので、子どもだろうが甘やかすことはできなかったのです。

だから、子どもたちは、親が手いっぱいであるときには、自分で進んでお手伝いをする大人へと成長していきました。

最近は便利な世の中になりましたから、親が全部やってくれてしまいます。子どもがやることは何もない、あるいは、子どもにやらせる必要もない、という社会になってしまったのです。

今どきの子どもに何かを頼むと、本当にイヤイヤという感じで、のろのろと体を動かします。

「余計なことは、一切、したくない」という態度がミエミエです。

「なんで、僕が？」と親に食ってかかってくる子どももいます。

会社に入ると、〝フットワークが軽い人間〟、〝頼まれていないことでも、自分で喜んでやる人間〟ほど、評価が高くなることは、すでに社会人の読者のみなさんなら、十分ご存知ですよね？

だとしたら、みなさんの子どもも、そういう大人になれるようにしつけておきましょう。

イリノイ大学のサンディ・ウェインがある会社で半年にわたって調査をさせてもらったことがあります。

その結果、頼まれてもいないのに上司にコーヒーを持っていくとか、あるいは自分の仕事ではないのに、他の人の仕事も片づけてあげるとか、**ともかく何でもホイホイやってくれる人ほど、上司から高く評価される**ことが明らかにされたそうです。

「言われたこと、は、やったよ」

「宿題だけ、は、やったよ」

これでは、よくありません。

そのためには、**小さな頃から、家のお手伝いや、家事をやらせる必要がある**のです。そして、「頼まれた以上のこと」ができるように仕向けるのです。

たとえば、子どもに「自分の上履きくらい、自分で洗いなさい」と命じたとしましょう。子どもは言われたとおりに上履きを洗います。

しかし、自分の上履きのついでに、弟の上履きが置いてあるのを見つけたら、「それもやっておきなさい」と教えるのです。そして、それをやったら**大いにホメてあげる**のです。

「自分の食べたお皿を洗いなさい」と命じたときもそうです。

自分のお皿を洗わせるのは当然として、お父さんのお皿も、みんなのお皿も洗ってくれるのかどうか。そこまで自分で考えてできるようにさせましょう。

6 ある程度までは、「親が決める」のは当たり前

子どもの自主性も、尊重しすぎると逆効果

「○○ちゃんは、どうしたい？」

最近の親は、何をするにも子どもに聞くんですよね。

まるで、親が何かを決めてしまうことが、まったく悪いことのように、です。

レストランで食べるときにも、子どもの意見をちゃんと聞いて、決して、「お前は、これにしておけ」という親は少なくなりました。どうして口を出さないのでしょう。

「お前は、ちょっと太ってきたから、サラダだけにしておけ。甘いジュースもや

めて、お水にしておきなさい」という親はめったにいないですよね。

子どもの進路に関しても、あくまでも子どもの自由意思に決めてもらうべきであって、親が口出すのは筋違いであるかのように思っている人もたくさんいらっしゃるんじゃないでしょうか。

違いますよ。

親なんですから、「私は、これがいいと思う」「私は、これが正しいと思う」という意見をはっきり述べ、時として自分の意見を強制するのは当たり前なんです。

私は、自分の息子たちには、「20歳までは俺の言うことを聞いてもらうぞ。その後は、自分で好きにやればいい」と教えています。まったく子どもの自主性を尊重しないわけではないのですが、親として言うべきことはちゃんと言っておこうと思っているからです。

たとえば、子どもが受験のときに、私は、「どこそこの学校へ行け」と口を出すでしょう。

決して、「どこへ行きたい？」などと聞きません。

だいたい子どもは、親ほど深く、いろいろ考えているものでしょうか。親は、かわいい子どものために、本人よりもいろいろ考えているんじゃないでしょうか。

子どものために情報収集だってしているんじゃないでしょうか。その親が言うことなのですから、子どもには従ってもらわなければなりません。

大人と子どもは対等な人権を持つ存在などではありません。

子どもは、参政権を持っていませんし、勤労の義務もありません。納税の義務を果たす能力もありません。もちろん、子どもにも、人権はあります。しかし、それは大人の人権とはまるで違うものなのだ、ということを知っておきたいものです。

子どものために、親が口出しをすることが、何か悪いことだと思い込んでいる親がたくさんいらっしゃいます。どうして、悪いことだと思うのですか。子どもに言うことを聞かせることで、なぜ罪悪感を覚えなければならないのですか。

親は、うるさく口を出すものなんです。

子どもの顔色をうかがって、ビクビクしていてはいけません。

最近は、たくさんの色のランドセルがあります。

もし男の子なのに、ピンクのランドセルを選ぼうとしたら、「男の子なんだから、黒か青にしておけ」と自分の意見を押しつけることの、何が間違いなのでしょうか。そんなことで子どもは心を痛めたり、自主性を失ったりしませんから、大丈夫ですよ。そんなことまで心配するのは、杞憂にすぎません。

「子どもがせっかく自分の意見を言っているのに、反対しちゃマズイのだろうか？」

それは考えすぎというもの。

罪悪感を覚えてしまうと、子どもの言いなりになってしまいます。だから、**親は口うるさく言うのが当たり前なんだ、と割り切って考えたほうがいい**のです。

7 受験は大人になるためのイニシエーション（通過儀礼）

厳しい受験勉強も、決して無駄ではありません

子どもと大人の明確な境目など、ありません。客観的に何か境界線があるわけではないのです。ですから、人間は、さまざまな儀式や儀礼を作りあげることにより、「さあ、ここから大人の仲間入りだぞ！」という線引きを行ってきたのです。

これを「イニシエーション」（通過儀礼）といいます。

大人になるための重要な通過儀礼なのですから、当然、過酷なものでなければ意味がありません。

ある社会では、子どもに危険なバンジージャンプをさせ、またある社会では火渡りをさせます。アフリカには、ハチにさされることをわざわざ強要するような社会もあるといいます。そういえば、かつての日本では、「元服」と呼ばれる通過儀礼がありました。

今でも、地方のほうに行くと、ある年齢に達した子どもを、村の若い衆と呼ばれる先輩たちがお祭りに引っ張り出したりするところもあるようですが、相対的に何の通過儀礼も経ないままに、「ただ何となく大人になっていく」のが今の日本の子どもたちです。

何の試練も与えないまま、そのまま大人にさせてしまうのです。

これでは、子どもは大人になることのありがたみを感じることもできません。「大人になる」ことの実感も得られないでしょう。

スタンフォード大学で行われた実験によると、厳しい通過儀礼を経て、ある団体に属することができた人のほうが、通過儀礼もなく、簡単に加入が認められた人よりも、はるかに喜びが大きかったそうです。人間には、通過儀礼を経験することが重要なのです。

今の子どもたちは、「大人になる」ことを喜びはしないと思いますが、その理由は簡単で、通過儀礼を経ないままに、何となく大人にさせられてしまうからです。20歳になったからといって、いきなり大人の意識など持てるわけがないのです。**厳しい通過儀礼を経なければ、人間は、大人になれません。**

では、現代の子どもに何をさせればよいのかというと、私は「受験」だと思います。

受験は、「戦争」にたとえられるくらい、過酷で、厳しいものですが、頑張って受験に取り組むという経験を通して、子どもは一皮むけたようになるのではないのでしょうか。

受験では、受かった大学なんて、はっきり言ってどこでもいいんです。

「こんなに死ぬほど勉強したのは、はじめてだ」

「こんなに苦しい思いをすることは、人生で二度とないだろう」と感じることが大切なのです。

今の日本では、受験くらいしか本気になれるものはありません。英単語や、化学式を丸暗記することなど、社会に出ても役には立ちませんけれども、夜を徹して、眠い目をこすりながら知識を頭に叩き込むことによって根性が養われるのです。

受験を迎える子どもには、こう言っておくこともいいでしょう。**「受験が終わり次第、私はあなたを大人として扱う」**と。

8 親のがんばりを、子どもはちゃんと見ている

手をかけた分だけ、子どもはちゃんと報いてくれます

子どもは、自分のために親がどれくらいがんばってくれているのかを冷静に観察しています。放ったらかしにされているのか、それとも自分のためにいろいろと苦労してくれているのかをちゃんとわかっています。

ただ、口に出して、「ありがとう」と言わないだけです。

私の母親は、今でも信じられないほどの子煩悩で、「子どものためなら、私はいつでも死ねる」と公言してはばかりません。

そんな母親ですから、私が子どもの頃には、ものすごく子育てをがんばってくれました。

大豆レシチンが脳に効くという話を聞くと、さっそく私に食べさせましたし、魚（DHA）を食べれば記憶力に効果があると聞くと、毎日のように魚ばかり食べさせようとする母親でした。

受験の前になると、私に風邪をひかせまいとして、怪しげなお茶やらハーブティーやらを飲ませ、「これで免疫がつくよ」などと言っていた記憶もあります。

それくらい私のためにがんばってくれたのですが、それでは私がいちいち母親にお礼を言っていたのかというと、お礼など言ったことはありません。

いや、正確にはお礼を言っているのですが、それは私が大人になってからであって、学生の頃にはお礼をしたことがありません。

子どもは、照れ屋なのです。

ですから、親が自分のためにがんばってくれていても、素直に「ありがとう」

とは言えないのです。

けれども、みなさんががんばっていることを子どもはちゃんと知っていますし、親のがんばりに報いようとしてくれるものなのです。

カナダにあるラバル大学のステファン・デュシェーヌは、小学6年生約500名に対して、「みなさんのお父さんやお母さんが、自分のためにどれくらいの時間や労力を投入してくれていますか？」と質問してみました。

そして、一年後、彼らが中学一年生になったときに、どういう子どもほど成績が良いのかを調べてみたのですが、「親が自分のためにがんばってくれている」と思っていた子どもほど、成績が良かったのです。

親が自分に手をかけてくれていると思えば、子どもは、それにちゃんと報いてくれていたのです。

「私は、子どもにいろいろやりすぎているのだろうか？」
「もう少し、放っておいたほうがいいのだろうか？」

と心配をなさっている方がいらっしゃるかもしれませんが、焼きすぎるくらいに世話を焼いても、かまわないのです。親のがんばりは、子どもにも伝わるはずですし、きちんとそれに報いてくれるものなのですから。

ちなみに現在の私は、かつての母親と同じくらい、息子たちにあれこれと世話を焼いています。

当時の私と同じように、息子たちは「うっとうしいオヤジだ」と思っているのでしょうけれども、あと20年くらいしたら、「ありがとう」とお礼を言ってくれるかもしれません。それが今から楽しみです。

9 家庭は〝くつろぐ場所〟ではなく、〝気を張り詰める〟場所

子どもの尊敬を勝ち取るには、お父さんも努力を

子どもは、親を見て育ちます。昔の子どもは、親を尊敬していましたが、それは親が自分の家（店）で働くのを見ていたからではないでしょうか。朝から晩まで、汗水を垂らして、家族のために働いてくれる親の姿は、子どもにとって感動的でした。

ただ現在は、会社勤めをしている親が一般的です。そのため、**子どもは、一生懸命に頑張っている親の姿を見ることが難しくなってしまいました。**親を尊敬することも難しい時代になってきたと思います。

「子どもが、僕のことを尊敬してくれないんですよ」

と苦々しい気持ちの親はたくさんいると思いますが、それはみなさんの責任ではなくて、社会構造が変化して、自分のマジメに働く姿をアピールできないことが原因。あまり気にしないほうがいいですよ。

今どきの子どもは、親がくつろいでいる姿しか見ません。帰ってくるなり、ズボンと靴下を脱ぎ捨ててパンツ一枚になり、アシカかトドのように床の上に転がっている父親の姿しか子どもは目にしません。そういう親を尊敬するのは、難しいのではないでしょうか。

「外では気を張り詰めているんだから、家の中だけはくつろがせてくださいよ」というみなさんの気持ちはよくわかりますが、私は、家庭でも気を張り詰めていいます。なぜなら、息子たちに尊敬してもらいたいからです。

あまりだらしない姿を見せないようにし、自分の父親としての株が下がらないように気をつけているのです。

イングランド北部にあるサンダーランド大学のゲリー・ブレイズは、きちんとスーツとネクタイを着たときの状態と、同一人物が白いTシャツとジーンズを着ている状態のときの写真を用意して、それぞれを評価してもらいました。すると、きちんとした服装をしているときのほうが、「権威がありそう」「魅力的」といった高い評価を受けたそうです。

子どもでなくとも、私たちは相手の外見だけで判断します。親がだらしない姿しか見せていないなら、「うちの親はだらしない」と子どもが思うのは、当然です。だからこそ、家庭でも気を張り詰めるべきなのです。

「親しき仲にも礼儀あり」という言葉がありますが、私は、「家族の仲にも礼儀あり」だと思っています。

だらしない姿でくつろぐのは、居間ではなく、自分の部屋でやっています。**だらしない姿は、子どもにはあまり見せるべきではない**と思うので、なるべく努力しているわけです。

父親のダンディズムというのは、やせ我慢の美学。

「つらいなあ」とは思いますが、私はダンディーな父親でいるべきだと思います。

10

家庭では、ウソでも「仕事が楽しい！」を連呼する

☑「仕事は楽しい」と子どもが思えるように振る舞いましょう

子どもには、「仕事がつまらない」とか、「キツイ」という愚痴は言わないようにしてください。

子どもにとって、親は神さまと同じ。その神さまが話す内容なのですから、子どもにそのまま信じ込まれてしまいます。

親が、「仕事がつまらない」「仕事に行くのがめんどくさい」などとばかり言っていたら、子どもの心の中には、「仕事はつまらないもの」という意識が刷り込まれてしまいます。これでは、将来に対して希望なんか持てるようになりません。

「仕事は面倒だな」「大人になって働くのがイヤだな」と、そう思うに決まっています。

逆に、親が仕事のことを良く言っていたらどうでしょう。

出社するときにも、「ようし、今日も会社だ。嬉しい、嬉しい！」とスキップして出かけていったら、どうでしょう。**子どもも、早く大人になって仕事がしたい、と思うようになる**のではないでしょうか。

別に、子どもに向かって語りかけなくてもいいのです。

奥さんに向かって、あるいは独り言のように、「仕事は面白い」「こんな仕事ができる自分はラッキーだ」と連呼していてください。

子どもは、ちゃんと聞き耳を立てて親の言うことを聞いています。

「ふ〜ん、仕事って面白いんだ。早く自分でもやってみたいな」

「へえ〜、仕事ってドキドキできるんだ。ゲームより面白いのかな」

子どもがそんな風に思ってくれれば、しめたもの。

こういうのを、**心理学では、〝漏れ聞き効果〟と呼んでいます。**

子どもに対して、「立派な大人になって、立派に仕事をがんばるんだぞ！」など説教をしなくとも、楽しい、楽しい、と連呼し、それを子どもに漏れ聞かせていれば、子どもは仕事に対して興味・関心を引かれますし、好意的な感情を持つようになるのです。

家庭に帰宅したら、なるべく陽気に振る舞ってください。

仕事の面白さややりがいを、楽しく、愉快にしゃべってください。

そんな親の姿を見て、子どもは、仕事に憧れを抱くのです。

もちろん、社会の厳しさを伝えるのも大切です。しかし帰ってくるなり、仕事でウンザリした暗い顔、生きる希望を失ったと思われる顔を、わが子に見せてはいけません。はたして、そんな顔を見せられた子どもが、仕事に憧れを抱けるでしょうか。

それにまた、愚痴というのは、聞かされる方は嬉しくありません。

みなさんだって、他人の愚痴を聞かされるのはイヤですよね。

子どもは、もっとイヤなんですよ。

親が、ぶつぶつ仕事の愚痴ばかりこぼしていたら、尊敬できるわけがないのです。

「本当に仕事がつまらないと思っているんだから、正直に『つまらない』と口にして、何が悪いんだ!」とそう思われる方もいるかもしれません。

たしかにその通りなのですが、そこはやせ我慢のダンディズムで乗り切ってください。子どもには未来があります。社会の厳しさを教えつつも、**なるべく明るい未来を描いてみせるのも、親のつとめ**なのではないでしょうか。

11 きちんと注意、指導できるのが親

子どもの間違いを正すのは、親として当然のこと

言うべきを言わず、叱るべきを叱らない。そんな親が増えました。子どもに遠慮し、子どもを叱るたびに、何か自分が悪いことをしているような罪悪感に悩まされる。そういう、気の毒な親が多いような気がします。

なかには、「私は子どもを叱ったことがない」ということを自慢げに語る親さえいます。あきれてものが言えません。この親は一体何者なのでしょうか。**親であることを真剣に考え、子どもの将来を思ったら、子どもに厳しくするのが当たり前**なのに、それができないことを鼻にかけるとは、少しおかしくないでしょうか。

私も、子どもの叱り方について何度か雑誌の取材を受けたことがあります。

しかし、私の答えはいつも決まっています。

「"上手な叱り方"なんて、ありませんよ。それに、自分の子どもに、親である自分がどうしてそんなに遠慮するんですか。上手に叱れなくたって、いいじゃないですか。スマートな叱り方なんてできなくていいんです。感情的に怒鳴り声をあげたっていいですよ。**とにかく子どもの間違いを見つけたら、その場ですぐに叱ればいいんです**」

おそらく雑誌の編集者は、もっとスマートな叱り方を私から聞けると思ったのでしょう。私がそうアドバイスすると、苦々しい顔をされる人ばかりでした。

「今は、命令で子どもを動かす時代じゃないんだ」という人もいますが、そういう人に向かって、「それでは、どうやって動かすんですか?」と質問すると、「優しく柔軟に」「子どもと同じ目線に立って」などと、およそ具体性のない答えしか返ってきません。そんなやり方では子どもは言うことを聞きません。

テネシー大学のジェームズ・マクナルティ博士は、高圧的に命令することが決してマイナスにもならなければ、それによって必ずしも相手が不満に感じることもなければ、人間関係がおかしくなることもない、と指摘しています。「命令が絶対にダメ」ということもないのです。

ちょっと考えればわかるように、命令することによって人間関係が必然的におかしくなってしまうのであれば、何の教育も指導もできないことになってしまいます。先生が生徒に向かって、上司が部下に向かって、親が子どもに向かって命令するのは、ごく当たり前のことではありませんか。

子どもを叱るときには、あまり上手な叱り方など考えなくていいんです。最初は、だれでもヘタクソです。ただし、叱るのも一つの技術ですから、叱れば叱るほど上手になっていくことはあります。一番上の子どものときにはあまり上手にできなかったのに、二番目、三番目の子どもには上手に叱れるようになる、ということもあります。叱り方のコツのようなものも何となくわかるようになります。

あまり深く考えすぎないようにしてください。**子どもの間違いを正すのは、悪いことでも何でもなくて、親として当たり前のこと**なんです。

12 親が熱心だからこそ、子どもはそれに応えてくれる

勉強は、一緒の部屋で

親があまり教育に熱心でないと、子どもは勉強するようにはなりません。

たいていの家庭では、母親が一生懸命に勉強させようとしても、父親が余計なことを横から言ってしまいます。

「おいおい、勉強なんかしたって、まったく役に立たないぞ」

「そんなに目くじらを立てて、勉強、勉強、言うなよ。かわいそうじゃないか」

父親がそうやって甘やかすと、子どもは、「ほら、お父さんだって言っているんだから、勉強しなくたっていいじゃん」と口答えしてくるに決まっています。

これでは子どもが勉強をするようにはなりません。

母親が子どもに勉強をさせるように注意しているときには、「そうだぞ、母さんの言うとおりだ」と、**母親を援護射撃してあげるのが父親**です。そのほうが、お母さんのメンツも潰れないというものです。

なお、**子どもに勉強をさせるときには、部屋に一人きりにさせてはなりません**。必ず、自分も一緒の部屋にいて、読書でもしていればいいのです。

あるいは、隣に座って、教えてあげなければなりません。

子ども一人では、だらだら机に座っているだけの勉強になりがちです。親が一緒にいることによって、子どもは気を抜けなくなるのです。自分一人で勉強をはじめるのは、ある程度の年齢に達して勉強をする姿勢ができあがってからです。

親が教育熱心だと、子どももそれに応じてくれます。

親が期待していることを、敏感に感じとるからでしょう。

フランスにあるジョセフ・フーリエ大学のレミー・レイデル博士は、72名の高校生に体育の時間にゴールボールという球技を教えました。ゴールボールとは、目隠しをしながら、鈴の入ったボールを転がして、ゴールを目指すサッカーのような球技です。なお、この指導をするにあたって、半数の高校生には、「教えてくれる先生は、非常に教育熱心な人だ」と紹介しておきました。

残りの半数の高校生には、「先生は、あまり教育に関心はないが、今回は特別に教えてくれることになった」と紹介しておきました。

すると、先生が教育熱心だと伝えられたグループの方が、生徒たちはやる気を出してゴールボールをすることが明らかにされました。**これを「感染効果」といいます。先生のやる気は子どもに感染していく**のです。

親が子どもの勉強に喜んで付きあっていると、まさに親のやる気が子どもにも感染することでしょう。子どもの部屋に一緒にいるのは、監視のためもありますが、自分のやる気を子どもにアピールするためでもあります。

子どもには勉強するように言っておきながら、自分は居間でテレビを見ているようでは、子どもに自分のやる気が伝わりません。ですから、子どもと一緒の部屋にいてあげることによって、自分のやる気をアピールするのです。

コラム

子どもの個性を認めすぎない

私は、〝個性教育〟というものには、ものすごく懐疑的です。子どもを型にはめていくのが教育ですから、個性を認めすぎると、教育自体が不可能になってしまいます。

小学校の先生が、運動会のために子どもに集団行進をさせていると、「うちの子どもの個性を潰す気ですか!」と馬鹿げた文句を言ってくる親がいるそうです。子どもに好きなように歩かせるのが個性なのであって、全体でピシっと歩かせるのは、その個性を潰してしまうのだそうです。

ラジオ体操をやらせるときにも、今どきの子どもは、みんながダラダラ。統一感のない動きをする子どもが非常に目につきます。先生が厳しくやりすぎると、親が騒ぐからでしょう。

どうしてそんな風に考えるのでしょうか。

学校というのは、集団の規律を学ぶところです。

それを否定されてしまっては、学校の存在意義がなくなってしまいます。授業中に騒いでいるのをやめさせることが、個性を潰すことにはなるわけがありません。それを「個性を潰す！」などと学校にねじ込み、「うちの子どもには、好き勝手にやらせてくれ！」と求める親が相対的に増えたので、学級崩壊が見られるようになったのではないでしょうか。

親や先生の命令に素直に従うことが、なぜいけないのでしょうか。

規則を守る子どもは、大人になるとイエスマンになってしまうのでしょうか。

断じてそうではありません。

社会人になるための意識と行動が身につくということであり、礼儀作法をきちんと学んでいる証拠です。それが「個性を潰す」ということになるのであれば、そもそも個性を持たせる必要などない、ということになります。

「日本は、集団行動ばかり強調するから、天才が育たないのだ」

と説く人がいます。

いやいや、何を勘違いしているのやら。

明治維新以降の日本が、わずかな期間で世界でもトップクラスの国に躍り出ることができたのも、集団規律を重んじる教育の賜物ですよ。

ノーベル賞の数が、そのまま国民の優秀さを示すものではありませんけれども、ノーベル賞受賞者をとっても、アジアで日本以上に受賞者が多い国はどこにあるんですか。どこにもないでしょう。それだけ日本人に天才が多いという立派な証拠ではありませんか。

今まで日本がやってきた、厳格な集団教育は、決して悪いものではないのです。

みなさん自身、お父さんやお母さんからは厳しく育てられたのではないでしょうか。私は、そうでした。そして、自分も両親の育て方が間違っていたとも思っておりませんので、私も自分の子どもには、そういう教育をしているのです。

個性を重視する教育は、単なるワガママ、単なる自己中心主義を育てる危険性が大です。偉い学者の先生の本などを読むと、その理論に思わず納得させられてしまうものですが、理論はあくまで理論であって、現実はどうなのかな、という疑いをたえず持ってください。

3章

子どもをぐんぐん伸ばす学習法

1 男の子には速く食べる習慣をつけさせよう

行動テンポが速い子に育てましょう

男の子には、早食いの習慣をつけさせましょう。

「きちんとよく噛んで食べさせたほうがいいのでは?」

と思うかもしれません。たしかに、栄養学的にはそうなのでしょう。しかし、**心理学的には、あまりおススメできません**。

食べ方がのんびりしている人は、仕事の作業も、他の行動も遅いという傾向があります。程度にもよると思いますが、行動が遅い人間は、社会に出てあまり役に立ちません。

ある企業では、入社希望者全員に昼食のお弁当を出し、その食べ方をこっそり観察するそうです。そして、一番早く食べ終えた順番から、採用していくそうです。

「食べ方の遅いヤツは、仕事も遅いですからね。そういう人間は、ウチにはいらないんです」

というのが人事担当者の言葉ですが、私もそう思います。

田中角栄さんは、選挙中は、おにぎりしか食べませんでした。他の候補者がのんびりとお昼を食べているとき、おにぎりならさっさと食べることができますし、さっさと食べ終わらせることができれば、他の候補者より一回多く演説ができるから、というのがその理由だったそうです。

角栄さんは、「なぜ選挙に強いのですか？」という質問に、「俺は、他の候補者より演説をたくさんやっているから」と答えたそうですが、そのための**時間をひねり出すために、早食いの習慣を作った**のでしょう。

食事時間が1時間以上もかかる子どもがいます。

こうなると、お母さんの日課の妨げになります。栄養がどうのという問題ではなく、時間がかかるなら食べさせなくていいんです。食べさせなければお腹がすきますし、お腹がすいていれば、むしゃぶりつくように食べます。そして、食事に感謝する子どもにもなります。

食事だけでなく、すべての〝行動テンポ〟を速くするように子どもには求めてください。

洋服を着るのも、歯を磨くのも、読書のスピードも、何かを決断するスピードも、とにかくすべてスピードアップさせてください。

米国ネブラスカ州にあるミューニシパル大学のジョンソンによると、スポーツにしろ、仕事にしろ、勉強にしろ、「実力」や「腕」や「技術」といったもの(「スキル」と呼ばれます)を身につけたいのなら、どれだけ速くできるかが重要なのだそうです。

私は、息子に文字を書く練習をさせているとき、「きれいに書けなくてもいいから、とにかく速く書いて！」「汚くてもいいから、速く書くんだよ」と教えていました。文字を書くスピードが遅い人間で、頭のいい人間はあまりいないというのが持論ですので、スピードアップを求めているわけです。

食事をさせるときにも、お箸のきれいな使い方ですとか、食事中の正しい姿勢といったものは、もっと大きくなってから教えるべきであり、子どものうちには、とにかく手早く食事をすませる、という習慣をつけさせたほうがいいのではないか、と私は思っています。

2

「うちの子どもは天才」と思い込む

親の期待に、子供は精一杯応えてくれます

ピアニストの辻井伸行さんを育てた、お母さんの辻井いつ子さんは、「親ばか」であることを隠しません。**「うちの子は、天才！」と本気で信じることができるくらいの「親ばか」である**そうです（辻井いつ子『親ばか力』アスコム）。

実は、私も辻井さんに負けないくらいの親ばかです。

長男が足し算を覚えたときのことですが、わりとすぐに理解してくれたので、「こいつは、将来、フィールズ賞をとれる！」（＊フィールズ賞は数学界のノーベル賞と言われている）と一人で叫びまわった記憶があります。もちろん、妻は冷

ややかな目で私を見ておりましたが。

次男が幼稚園の絵画コンクールで銀賞か、金賞をもらったときにも、大興奮した思い出があります。今では何の絵を描いたのかさえ忘れてしまいましたが（たぶんカマキリの絵）、そのあまりの写実力の高さに（もちろん、私がそう思っただけなのですが）、「こいつは、ミケランジェロを超えるぞ!!」と叫んだこともありました。やはり、**子どもというのは、親が期待すれば期待するだけ伸びる**のではないでしょうか。

「うちの子は天才になる」

「うちの子は、大物になる」

「うちの子は、将来性がある」

と親が思っていると（期待していると）、子どもは本当にその通りになっていくんです。

ちょっとした教育心理系の本をお読みくださった親御さんなら、こういう現象をすでに「ピグマリオン効果」と呼ぶことくらいご存知かもしれませんね。

親が期待しているとおりの大人に、子どもは育ってくれるんですよ。

オランダにあるフローニンゲン大学のヘスター・デ・ボアという心理学者が、1万千人の生徒（平均12歳）を5年間追跡調査したことがあるんですが、先生が期待をかけていた子は、5年後に、本当に成績が良くなったそうです。

普通、ピグマリオン効果というと、学校の先生の期待によって、生徒の成績が高くなったり、低くなったりすることを指すんですが、親の影響は、学校の先生よりも、さらに大きいものであることは、間違いありません。

ですから、**子どもにはとびっきり大きな期待をかけてあげましょう**。

子どもの将来が、楽しみで、楽しみで、楽しみでしかたがないくらいに期待できるほどの「親ばか」になれるのなら、たいしたものです。

親の楽しみというのは、子どもに大きな夢を見ることです。

もちろん、子どもにプレッシャーを与えるのはよくないと思いますが、夢を見るくらいなら許されるのではないでしょうか。

読者のみなさんも、ぜひ大きな夢を見てください。

3 ムダなこと、無意味なことをくり返しやらせよう

効率だけがすべてではありませんよね

私たちは、とかく効率ですとか、能率ですとか、そういうものを重視してしまいます。勉強にしても、仕事にしても、やれ「効率のいい○○法」「できるだけ短時間でうまくやるコツ」みたいな本が売れています。

まるで地道にコツコツやることが、まったく無意味だと言わんばかりです。

ですが、本当にそうなのでしょうか。

私は、**ムダなこと、一見すると無意味なことにも、ちゃんと意味があると思っています。**仕事の大半は「くだらないことのくり返し」のように思えることもあ

りますが、そういう「くだらないこと」を本気でやらないと力はつきません。

効率を重視すると、地道なこと、くだらないことをやるのはバカだ、ということになってしまいます。

小さな頃から、効率重視で、くだらないことをやっておかないと、社会人になると困ります。**「そんなのくだらないよ」「そんなのやりたくないよ」という若者が増えているのは、効率重視の弊害**なのではないでしょうか。

たとえば、受験参考書を見ると、「数学の答えがわからないときには、自分で考える時間がもったいないから、さっさと正解を見て、その解法を暗記すればいいんだ」と書かれています。

この考え方に慣れた社会人は、仕事のやり方についても自分の頭で考えることなく、すぐに「正解」を求めようとしてしまいます。試行錯誤がムダな作業だとしか思えないのでしょうね。

けれども、**大人になればわかるんですが、この世に「正解」なんてない**んです。

自分で試行錯誤しながら、自分なりに「正解らしきもの」を見つけて満足するしかないんです。仕事術にしろ、文章術にしろ、営業テクニックにしろ、書店に行けばたくさんの本が刊行されていますが、だからといって「これが正解」というものはありません。

本に書かれた知識は、あくまでも手がかりというか、参考にはなりますが、結局は自分なりの「正解らしきもの」を試行錯誤で手に入れていくしかないのです。

この努力を「めんどくさい」と思ってしまうと、いつまでも「正解」にはたどりつけません。

子どもがムダなこと、無意味なことをやっていても、横から口出しをしないようにしましょう。

「もっとこうすると、うまくできるんだ」

「もっとこうやると、早くできるぞ」

そうやって、すぐに正解を与えてしまうことが、必ずしも良いこととはかぎりません。子どもにムダな努力をさせて、そこから自分の力で何かをつかみとるという経験をさせることも重要なのです。

イチロー選手は、効率の良い練習法をしていたから一流のメジャーリーガーになれたのでしょうか。王貞治さんは、どうして世界一のホームラン王になれたのでしょうか。能率を重視して、なるべく少ない練習時間ですませていたのでしょうか。違いますよね。お二人とも、愚直なまでに、地道な練習をくり返したから一流の打者になれたのですよね。

マックス・プランク研究所のラルフ・クランプ博士は、アマチュアのピアニストと、プロのピアニストが、24歳になるまでにどれくらい訓練をしているのを調べてみました。

その結果、アマチュアが週に3、4時間しか訓練していなかったのに、プロは平均して週33時間もピアノに触れていたことがわかったのです。プロがなぜプロになれたかというと、何のことはない、10倍以上も練習していたのです。

子どもには、くだらないことでも努力できる大人に育てましょう。

効率やら能率にこだわるような人間にさせないことが、結局は、ホンモノの、一流の人間にさせるための条件なのです。

4 子どもにテレビを与えない

親子でのおしゃべりも増えますので、ぜひお試しを

私は、子どもに自分の部屋を与えていますが、テレビは買ってあげません。これからも買ってあげるつもりはまったくありません。

なぜでしょうか。

その理由は簡単です。テレビがなかったら、子どもは自然と退屈するからです。退屈すれば、子どもは「どうしようもなくヒマだから、本でも読むか」という気持ちになります。あるいは、「ヒマだから、父親としゃべろうかな」という気持ちになります。

私の息子は、ノートに自分で迷路やらクイズのようなものを書いてきて、「ちょっとパパ、これを解いてみてよ」と持ちかけてきます。

テレビを与えてしまうから、親子のコミュニケーションがとれなくなるのであって、**テレビがなければ、必然的に、家庭でのおしゃべりの量は増える**のです。

子どもにテレビを与えておきながら、「勉強しなさい」と矛盾したことを命令する親御さんも多いです。

ムリですよ。

部屋にテレビがあるのに、勉強させるのはムリです。

それはちょうど、お酒を飲むのが好きな人の目の前にお酒を置いておきながら、「このお酒は飲んじゃダメですよ。我慢するんですよ」と言っているのと一緒です。

お酒を飲ませたくないのなら、自宅にお酒なんか置かなければいいんです。

そうすれば、お酒も飲めません。

心理学では、このようなやり方を〝刺激コントロール法〟とか、〝環境コントロール法〟と呼んでいます。

オーストラリアにあるエディス・コーワン大学のデビッド・ライダーという心理学者も、このやり方をすれば、うまく自分の行動を変えることができる、と述べています。

「うちの子どもは、テレビばっかりで…」

というのなら、テレビを捨ててしまったらどうでしょうか。

テレビという刺激が、子どもの集中力を失わせる原因なのであれば、その刺激そのものをどこかに取っ払ってしまえばいいのです。

テレビを取っ払う代わりに、子どもの年齢に応じた本でも置いておけば、子どもは自然とそちらを手にとるようになります。

私の仕事場には、仕事に関係する資料やら書類しか置いてありません。私は、漫画やゲームが好きなのですが、それらは別の部屋に置いてあります。仕事をしているとき、ゲーム機が目に入ったりすると、そちらが気になって、仕事が手につかなくなるからです。

刺激コントロール法というのは、非常に便利な方法です。子どもが、肥満児だと診断されたのなら、「ダイエットをしなさい」とか、「甘いものを我慢しなさい」などと頼んでもダメです。それより、最初からお菓子などを買ってこなければいいんです。

最初の数日こそ、子どもは、「あれっ、おやつは?」とか「お菓子は?」と言ってくるかもしれませんが、そのうちなければないで、それほど気にしなくなります。**環境を整えることによって、自然と子どもを良い方向に導くことが重要なのです。**

5 口が遅い男の子に、どうやって言葉を教えるか

発話能力の鍛え方には、コツがあります

男の子は、口が遅いものですけれども、だからといって放っておいたら、発話能力は伸びません。

では、どうやって言葉を教えればよいのかというと、簡単なコツがありますのでそれをご紹介しましょう。

まず、「ミルク！」といったひとつの言葉しかしゃべらない男の子には、「ミルク瓶」といった、2、3の単語からなる言葉を話しかけるようにするといいですよ。そうすると、単語を組み合わせて覚えるきっかけになります。

次に、単語を組み合わせて話せるようになったら、文章を真似させることによって、言葉の能力を身につけさせましょう。

たとえば、「僕、飛行機」と子どもが言っていたら、「ようし、飛行機を取ってほしいんだな。パパが飛行機を取ってやるぞ。ほら、飛行機だ、『僕に飛行機をちょうだい』と言ってごらん?」という具合に話しかけるのです。

このようなやり方を、「プロンプト」と言います。

私も、このテクニックで息子に言葉を教えました。

テレビのドキュメンタリー番組を見ているときに、ウシが出てきたとしましょう。

息子は、「ウシ!」と声を上げます。

このときを見計らって、「そう、ウシさん、モーモー」と子どもに話しかけるのです。

すると、息子も、「ウシさん、モーモー」と真似するので、こちらもまた「ウシさん、モーモー」とくり返すのです。興味があれば子どもは一回で覚えてしまいますが、あまり興味がないときには、くり返さなければ覚えませんので、**飽きるまで復唱してあげるのがポイント**です。

さらに余裕があれば、関連する言葉もついでに教えてしまいましょう。なぜかというと、関連している表現は、芋づる式に覚えてしまうからです。

「ウシさん、モーモー」と子どもが何回か言った後で、「ウマさん、ヒヒーン」と言葉を変化させてみます。すると、子どもは、バリエーションが変わったことに喜ぶのか、「ウシさん、モーモー。ウマさん、ヒヒーン」と少しだけ長くつづけてくれるはずです。さらに調子に乗って、「ウシさん、モーモー。ウマさん、ヒヒーン。ライオン、ガオー!」という具合につづければ、子どもは一気に言葉を覚えていきます。

このとき、自分でもウシの真似をして四つん這いになってみたり、ライオンの真似をしたりすると、子どもはさらに喜んで覚えてくれます。身振りをまじえる

と、子どもは視覚的にも理解できます。

「男の子は、口が遅い」というのは一般的には正しいです。

しかし、だからといってそのまま放っておいてもよい、ということにはなりません。

特に、言葉の能力がなければ、他の科目についても教えることがなかなかできません。

なるべく早いうちにタイミングを見て教えていくのがよいでしょう。

6

お父さんは、まず勉強以外のところで尊敬されよう

親として、カッコいいところを息子に見せましょう

男の子は、父親に物事を教えてもらうのが大好きです。

あまりお母さんが教えられないところは、どんどん父親が教えましょう。

そうすれば、息子はお父さんを尊敬するようになりますし、「お父さん、すごい！」と感心してくれます。そうすると、勉強のことも素直に言うことを聞いてくれるようになります。

具体的には、何を教えればいいのでしょうか。

それは、自分の得意なことでかまいません。

釣りが好きなら、釣り針の仕掛けの作り方を教えてあげるといいでしょう。日曜大工が趣味なら、ノコギリのひき方、トンカチの打ち方、紙やすりのかけ方などを教えてあげてください。鉄棒が得意なら、子どもを公園に連れて行き、逆上がりを見せてあげたり、教えてあげたりするといいでしょう。

「お父さんって、すごいんだな」と子どもが思ってくれれば、しめたもの。

ひとつでも得意なところを見せて、子どもが尊敬してくれるようになれば、「よし、それじゃ、そろそろ勉強も教えてやるか」と言ったとき、子どもは素直に従ってくれるようになります。

私たちは、相手のいいところを見つけると、その他の点でも、その人物を高く評価するようになります。これを心理学では、「ハロー効果」と呼んでいます。

ひとつでもいいところがあれば、すべてがよく見えてしまうのがハロー効果。

したがって、子どもに逆上がりを見せ感心させることができれば、別に鉄棒とは関係のないところでも、子どもはおとなしく言うことを聞くようになるのです。

みなさんだって、尊敬している先輩や上司の言うことなら、喜んで言うことを聞きますよね。かりに仕事とは関係ないところでも、「週末に引っ越しをするんだ。手伝ってくれないかな?」と頼まれれば、尊敬している上司の頼みなら、ホイホイと引き受けてしまうのではないでしょうか。

子どももそうです。尊敬している親が言うことなら、「帰ったら手を洗わなきゃダメなんだぞ」「夜は8時には寝なきゃダメなんだぞ」と命じても、子どもはとても素直に受け入れてくれます。

親として、カッコいいところを見せたいなら、自分の得意分野でアピールすればいいのです。

子どもは、親がやることに興味津々ですから、自分が何かの作業をやっていれば、「何をしてるの?」と必ず聞いてきます。そのとき、「○○をしてるんだ。お前もやってみるか?」と上手に誘って、子どもに教えるのです。

自分にはできないことを、やすやすとやってしまう父親の姿を見て、子どもは親を尊敬するようになるのです。そうやって尊敬させておけば、普段から何を命じても、子どもは素直に言うことを聞いてくれるようになります。

7

中学生になったら、ホメることを中心に

はじめは厳しく、あとはやさしく

私は、**子どもが中学生くらいになり、多少の分別が出てきてからは、「叱る」よりも「ホメる」ことを中心にしたほうがいい**と思います。つまり、作戦を変えるのです。

小さな子どものうちは、とにかく厳しく、ビシビシ注意してもいいのですが、ある程度の年齢がくれば、口でやさしく言えば納得してくれます。

「子どもはホメて伸ばすものだ」という意見がありますが、少し大切な条件が抜けています。それは、「ある程度の年齢がきたら」という条件です。

小学生の子どもをホメまくると、図に乗るというか、調子に乗るというか、親の言うことを聞かなくなってしまう危険性がありますので、怖い顔を見せていたほうがいいのですが、**子どもが中学生になる頃には、別にゲンコツやビンタをしなくても、けっこう言うことを聞いてくれる**んですね。

中学生になった男の子は思春期を迎えることもあって、ひどくとっつきにくくなります。

したがって、**この時期の子どもには、冗談っぽくホメてあげたほうがいい**でしょう。

息子が自分で洋服を選ぶようになってきたら、「おお、わが息子ながらハンサムだなあ～」とか、「クラスの女の子が、お前を放っておかないだろ?」などとホメてあげると、子どもは照れながらも、まんざらではない、という顔を見せてくれるでしょう。

勉強でもそうで、「おお、数学のテストで学年○位になったのか。すごいなあ。数学ができるヤツは、女の子にもモテるんだぞ」などとホメてあげるといいでしょう。

ワシントン大学のフランク・スモール博士は、リトルリーグのコーチの調査をしたことがありました。8人のコーチがいたのですが、そのうち4人のコーチは、とにかくホメまくるコーチで、残る4人はそういうことをしないコーチだったのです。

その結果、ホメるコーチが教えたときのほうが、男の子は野球が好きになり、野球を楽しむようになり、自信も高まりました。

また、シーズン中の勝率も、ホメるコーチに率いられたチームでは52・2%だったのに、ホメてくれないコーチに率いられたチームの勝率は46・2%だったと言います。

私は、子どもには厳しくしたほうがいいと思いますが、だからといって、絶対にホメてはいけないのかというと、そうは言っておりません。ホメてもいいのです。しかし、それはやはり**ある程度、子どもに分別がついてきてから**だと思うのです。

小さな子どもは悪さをしますから、相対的に叱ったり、注意する回数が多くなるのは、致し方ありません。

「子どもはホメて伸ばすもの」という意識が強すぎると、叱ることに対して罪悪感まで覚えてしまいますので、これはよくありません。

ホメてもいいのです。ただし、悪いことをしたら叱る、という当たり前のことができるようになるためには、やはり子どもが中学生になるくらいまでは厳しく教えたほうがいいのではないでしょうか。

8 それぞれの子どもに、「自分が一番愛されている」と思わせる

☑ 子どもは「自分が一番愛されてる」と思いたがっています

優れた学校の先生は、生徒一人一人に、「自分が、他の生徒より一番かわいがられている」と思わせることができる人です。

子どもにとって、一番不愉快なのは、先生があまりにもみんなに公平にしているとわかったときです。**子どもは、自分こそ一番だと思っていたい**のです。

子どもは、「自分が一番かわいがられている」と思えば、その先生の言うことを聞こう、という気持ちになります。「他の生徒ばかりかわいがって、自分のことはあまり目をかけてくれない」とか、「どの生徒も同じようにしか扱ってくれ

ない」と思えば、不満を感じますし、その先生の言うことを聞こうとしません。

先日、中学校時代の同窓会があったのですが、私が大笑いしたのは、みんなが担任の先生に一番愛されていたと勘違いしていたことです。

「今だから言うけど、先生は、俺のことを一番かわいがってくれたんだぜ」

「何を言ってるんだよ、バカだな。先生が一番、面倒をみてくれたのは俺だよ」

「お前たちは、勘違いしているよ。先生は、俺が一番将来性がある、って言ってくれてたんだから！」

だれもがこんな感じなのです。

もちろん、私も自分が一番特別扱いされていたと思っています。それだけ良い先生でした。


男の子の兄弟がいる親御さんは、気をつけてください。


それは「それぞれを平等に扱いすぎない」ということです。

あまりに平等に扱いすぎると、子どもたちはみな不満になってしまうからです。

幼児教育で有名なベンジャミン・スポック博士も、同じアドバイスをしています。子どもを、公平、平等に教えようとすると、かえって全員にソッポを向かれてしまうのです。子どもは、自分が一番だと思っていたいのですから、これは当たり前といえば当たり前でしょう。

子どもたちには、上手に自分こそ親から一番愛されている、と思わせるように持っていくのが、賢い親のありかたです。

「お兄ちゃんは、やっぱりお兄ちゃんだな。責任感がある」
「お兄ちゃんは、同じ年齢のときには、ここまでうまくできなかったぞ」
というように、上手に比較を行いながら、お兄ちゃんにも、弟にも、それぞれが自信を持てるように、上手に誘導していくのです。

もちろん、他の兄弟が見ていないところで、こっそりとホメることを忘れてはなりません。相手の見ている前で比較ばかりしていると、悪い比較をされたほうがイヤな気分になりますからね。そこをうまくやるのがコツだといえるでしょう。

9 頭のいい子よりも、人気者の子を育てる

男の子は、できるだけお友達と遊ばせて下さい

私は息子が、「○○ちゃんが遊ぼうって言うんだけど」と言ってきたら、「おう、行ってこい！」と必ずそちらを優先させるようにしています。

習い事があっても、「今日は、休んでいいからな」と声をかけます。

家族でどこかにでかける予定でも、「友だちと遊ぶほうが優先だ。こっちは気にしなくていい」と言います。

「あの子どもは、不良っぽいから付きあっちゃダメよ」

「あの子は、あまり頭が良くないから、遊ぶのはダメよ」

などと禁じるのは、よくありません。

親としては心配するかもしれませんが、遊ばせなければなりません。

子どもは、子どもと遊ぶことによって学ぶことが非常にたくさんあります。

とっくみあいのケンカをするのだって、いい勉強になります。「どうやって仲直りすればいいか？」「どうやって水に流せばいいか？」というのは、大人になってからも役に立つ人間関係の知恵になりますから、どんどん遊ばせたほうがいいのです。

米国テネシー州にあるローズ・カレッジのマーサ・ウォルトン博士は、３６４名の小学生のケンカ（殴ったり、髪の毛を引っ張ったり）についての調査をしてみました。

すると、**男の子のほうが、女の子より野蛮で、暴力的であったにもかかわらず、すぐに仲直りすることが明らかにされました。**男の子のケンカは、女の子に比べてずっと激しいのですが、ケンカがすむとまた一緒に遊び始めるのです。その点、相手を悪く言ったりして、陰湿に長つづきするのは、女の子のケンカのほうでした。

ですから、男の子のケンカは、ある程度であれば、放っておいても心配いらないのです。

とにかく、**小さな子どものうちから、いろいろな子どもと遊ばせ、人間関係のスキル（技術）を磨かせましょう**。人気者の子どもに育てましょう。勉強など二の次でいいんです。

そういえば、ウィスコンシン大学のアミー・ベルモア博士が、小学4年生を中学2年生になるまで追跡調査した研究によると、クラスの中で人気者の子どもは、学業成績が高くなるそうです。**人気者は、なぜか頭もよくなる**のです。

ベルモア博士によると、クラスで他の生徒から拒絶されたり、無視されたりする子どもは、学業成績も悪くなる傾向があるそうです。

読者のみなさんもご存知でしょうが、社会に出てからは、学校時代の勉強はあまり役に立ちません。本当に役に立つのは、人間関係のスキル。そして、人間関係のスキルを学ぶためには、それこそ子どものうちから、何千時間も、他の子どもと一緒に遊ぶ必要があります。

最近は、近所に子どもが少なくなって、一人遊びをする（せざるを得ない）子どもが増えました。少子化の影響もあり、友だちづきあいを学ぶ機会が失われているのです。

そのため、**もし子どもが他の子どもに誘われて、「いっしょに遊ぼう」と言ってもらったときには、チャンス**なのです。せっかくのチャンスをムダにしてはいけません。このときには、喜んで送り出してあげましょう。

もし他の子どもとケンカをしても、すぐにヒステリーを起こして、「二度とあの子と遊んじゃいけませんよ！」などとは言わないように。男の子というのは、わりとカラっとしていますから、かりにケガをさせられても、たいして気にしません。それよりも、他の子どもとの遊びの中で、仲良くなる方法を身につけさせる方が、ずっと大切なことのように思えます。

コラム

「楽しく学ぶ」なんて、できるわけがないことを知る

勉強は面白いわけがありません。特に、子どもにとってはそうです。

「勉強って、楽しい？」

と子どもに聞いてみると、おそらく10人中10人が、「つまんない」と答えるのではないでしょうか。

ミュンヘン大学のレインハード・ペクラン博士が、323名の大学生に、日常生活のどういうときに退屈するのかを尋ねたところ、「学業中」という答えが圧倒的に一位で、42・2％の人は、勉強が退屈でどうしようもないと答えました。

そしてまた、ペクラン博士によると、退屈を感じて、勉強のやる気がなくなると答えた学生は92・3%にものぼると報告しています。

勉強は面白いわけがありませんから、「子どものやる気」を待っていたら、いつまでも勉強できないことになってしまいます。

ですから、強制してやらせるのはしかたないのです。それが、子どもの将来に役に立つと思えばこそ、親として、〝教育の鬼〟ともなれるのではないでしょうか。

「子どもにイヤイヤやらせるから、勉強が嫌いになってしまうのだ」
「楽しく学ばせなければ、意味がない」

なるほど、おっしゃるとおりなんですが、それでは子どもはいつまでも勉強しませんよ。三度の飯より勉強が好き、なんて特異な子どもは、めったにいるものではありませんからね。

そういえば、メジャーリーグで大活躍しているイチローも、あるテレビ番組でインタビューを受けていたとき、「練習がお好きなんですよね？」と質問されて、「練習は好きじゃないです。練習が好きな人って、あまりいないんじゃないでしょうか」と正直に答えていました。

「練習は好きではないけれども、プロで一流でありつづけるには、練習するしかない。好きとか、嫌いとか、そういうことを言っている場合ではない」という考えが、一番現実的なのではないかと思います。

子どもがつまらなそうな顔で、勉強していると、親としては罪悪感を覚えます。

「こんなに本人が嫌がっているんだから…」

と仏の顔を見せたくなってしまうのでしょう。

しかし、そこで甘くしてはいけません。辛いことは辛いに決まっているのですが、大人になってからも勉強からは逃れられないのです。であれば、それを苦に感じないように習慣づけてあげるほうが、結局は、子どものためになると思いきってください。

ついでに言っておきますと、「楽しく学べる」ことを謳う教材によって、子どもが「楽しく学べる」などということも、あまり期待しないほうがいいでしょう。もともとの勉強自体がつまらないのですから、楽しく学べるわけがないのです。

それに、「楽しく学べる」ことを謳った教材は、無意味なイラストやら、無意味な漫画が多くて、かえって知識を吸収しにくく、使いにくい、というのが私の率直な感想です。

4章

子育てにまつわる心のモヤモヤを吹き飛ばす

1 子どもは親が思っているより、百万倍もたくましい

親子の愛情は、接する時間で決まるわけではありません

私は、ある女性編集者から相談を受けたことがあります。自分が働いているので、子どもが塾に持っていく手作りのお弁当を作ってあげられない、といって自分を責めているのです。

けれども、**子どもというのは、そんなにやわではない**ですよ。

塾に持っていくお弁当を作ってあげられず、コンビニで夕飯を買わせることが悪いことかというと、そんなこともありません。なぜなら、自分で夕飯を買って食べるのを喜ぶ子どもは、たくさんいるからです。

お金を持って、たった一人の力で買い物をするのは、ドキドキ・ワクワクする体験になります。「はじめてのおつかい」という番組もありますよね。子どもにとっては、一人で買い物をするというのは、ちょっとだけ大人の経験ができることなんです。

子どもは意外にたくましいんですよ。

「仕事が忙しくて、子どもをかまってあげられない」

「残業ばかりで、子どもと会話ができない」

そうやって悩んでいる親御さんはたくさんいらっしゃいますけど、**親が思っているほど子どもはかわいそうでも何でもないい**んですよね。

よくある育児書や教育本を読むと、「子どもと会話をしないと、子どもの人格形成に悪影響が出る」などと書かれていますけれども、これは非常に怪しいです。たとえ短い時間しか、子どもと接することができなくとも、週末しか会話ができなくとも、**親が本気で子どもに愛情を持っていれば、子どもはちゃんとそれを感じとってくれます。**

米国ヴァージニア・ポリテクニック研究所のマーク・ベンソン博士によると、「両親から愛されているかどうかわからない」ということが、子どもの不安を高めるのだそうです。

ですから、たとえ子どもと接する時間が短くとも、子どもと一緒にいられる時間があるときには、「俺は、お前のことが世界中で一番好きだ！」といって、恥ずかしがらずに子どもに抱きついたり、ホッペにキスをしてあげたりすれば、日常的にかまってあげなくとも、それほど気にすることもないでしょう。

人間関係というのは、接する時間の長さだけで決まるわけではありません。

お互いの間に流れる気持ちや思いが重要なのです。

2

負けの味を教えるのが本当の教育

悔しさを味わって、子どもは成長していきます

子どもを競争させるべきではない、と考える知識人がいます。いたずらに競争させ、その競争に負けた子どもは、立ち上がれないほどの心理的ダメージを感じ、それがトラウマ（精神的外傷）になってしまう、というのです。

そういう知識人からすると、運動会のかけっこで競争させることは悪いことになります。中学校の実力テストの学年順位を発表するのも、悪いことになります。

一位になった人は嬉しくとも、ビリになった人はかわいそうだというのです。

けれども、**子どもはそんなに弱い存在なのでしょうか。**

私には、そう思えません。

競争すれば、当然、「負ける子ども」も出てきます。

当たり前です。競争したのですから。

しかし、子どもを競争させることがかわいそうだ、というのは心配しすぎですし、現実的にはおかしなことをしていることになります。大人になれば、もっと熾烈な競争に巻き込まれることは確実なんですから、**負けの味を教えておかなければなりません。**


負けることが、なぜ悪いことなのでしょう。

負けることにより、子どもに悔しい思いをさせ、「こういう悔しさを味わいたくないから、もっと努力しよう」という気持ちにさせることができるなら、十分に教育効果があったと考えられませんか。

むしろ、競争に負けても全然気にしないという顔をしている今の子どもの方が問題だと思います。**「負けたら、悔しいのだ」という当たり前のことを教える必**

要があるとも思っています。

競争は、人のやる気を高めるのです。

勝った人は、「嬉しいから、もっと頑張ろう」と思いますし、負けた人は、「チクショウ、次は負けないぞ」とやはり発奮して、やる気を出します。競争に勝った人にも、負けた人にも同じように役に立つのであって、負けたことがすぐにトラウマになるようなことはありません。

ヒューストン大学のノア・リム博士は、いろいろな会社の営業部で行われているセールス・コンテストや販売競争を調査し、それらがやる気を高めることを突き止めています。**競争自体が悪いなんてことはない**のです。だから、数多くの会社で、成績表などを貼り出しているのです。

中学校の実力テストの成績を廊下に貼り出さないようにしても、大人になれば、成績は否応なく貼り出されるのです。ですから、**小さな頃から、競争に慣れさせておくことも大切なんじゃないでしょうか**。

3

子どもにはテストをどんどん受けさせよう

男の子は競争するのが大好きです

子どもには、テストをどんどん受けさせましょう。最近は、子どもに競争をさせないという風潮のためか、模擬テストのようなものも少なくなりました。自分が県内で、あるいは全国で何位くらいなのか、ということも把握しにくくなりました。

もしそういう試験があるのなら、積極的に申し込みをして、試験を受けさせましょう。学校でやってくれないのなら、個人で申し込みをしましょう。とにかく、あらゆる機会をとらえて、テストをどんどん受けさせるのです。

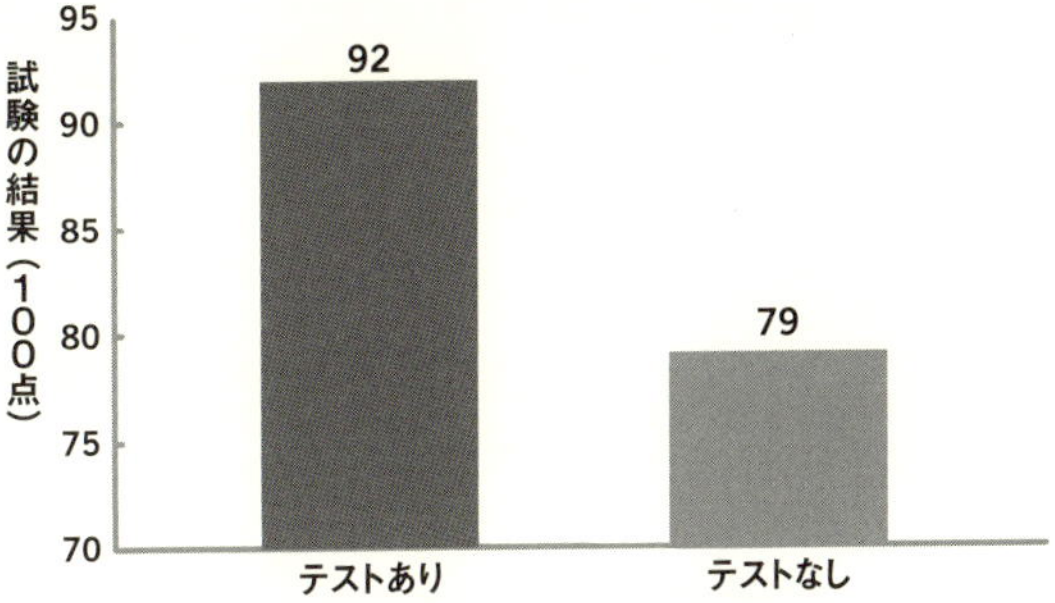

（出典：McDaniel, M. A., et al）

普通、テストというと、どの程度の知識を獲得できているかを確認するために利用されます。

しかし、そうではなくて、**テストには「学習を促進する」という機能もある**のです。

子どもは、テストの結果や、自分の順位を知ることによって、やる気を出すのです。

ワシントン大学のマーク・マクダニエル博士のグループは、とある中学校で、半数のクラスでは科学の授業中に、どんどんテストをやらせました。残りの半数のクラスではテストをやらせませんでした。

最終試験でのテストの成績を比較すると、前ページのグラフのようになったそうです。

「子どもは、テストを受けたくないと思っている」

「子どもは、テストが嫌いだ」

「テストで競争を煽るのはよくない」

などと、だれが、どんな根拠で言い始めたのかわかりませんが、実際は逆なんです。**子どもは、試験を受けて、自分がどれくらいできるのかを知りたい**のです。

また、競争に勝って、他の子どもより上に立てるのが嬉しいのです。競争するのって、特に、男の子は大好きですから。

知識を詰め込むばかりでは子どもも面白くありません。他の子どもと競争する模擬テストは、いわばスポーツにおける大会のようなもの。大会前に、選手たちが張りきって練習するのと同じように、子どもたちだって、試験という大会前には、ものすごくやる気を出して張り切って勉強できるのです。

4 悪いことも体験させて、反省させる

反省が、子どもの成長を促します

子どもは、ものすごく残酷な存在です。

私の息子も、外で遊んでいるので何をしているのかな、と思ってのぞいてみると、道路で車に踏みつぶされていたヘビの死骸で遊んでいたことがあります。生きたカエルの口の中に、石を詰め込んでいたこともありました。

たぶん、世のお母さんたちには、息子のこういう行動は許容できないでしょう。そんな姿を見つければ、愕然とするかもしれません。

「うちの息子には、残虐を好む傾向があるのだろうか？」

「大人になって、犯罪者になったりしないだろうか？」

そんな風に気を揉むかもしれません。

しかし、**男の子というのは、もともとそういう存在**なんですよ。

私も、子どものときには、近所の小川でつかまえたザリガニの腕をもぎ取ったりするようなことは、日常茶飯事でした。野良犬をいじめたりしたこともありますし、カエルを爆竹で爆発させたこともありました。男の子は、みなそうでした。

学校で飼育されているニワトリやウサギが小学生にイジメられたりする事件がニュースになったりしますが、子どもが何も考えずにむごい仕打ちをすることなんて、昔からよくあったことなんです。だから、あまりにひどいことでなければ、それほど心配いりません（程度にもよりますが）。

昔の男の子は、たぶん10人中10人が、ムシや生きものを殺した経験があるかと思いますが、全員が犯罪者になったのかというと、そんなこともありません。

むしろ、子どもの頃に少しやんちゃなことをやっている子どものほうが、大人になってから反省して、立派になるということもあるでしょう。

大切なのは、悪いことをした場合にしっかり叱って、反省させることなのです。

インド独立の父といわれるガンジーは、清廉潔白な人間だと思われています。しかし、若い頃のガンジーは、銅銭盗みをしたことがありますし、その金でタバコを買って吸ったこともあります。あるときは、兄の金製の腕輪から金を削り取ったりもしたそうです。

けれども、ここからが大切なのですが、ガンジーは、罪の意識にさいなまれて、清廉潔白になっていったのです。肉食や、悪所通いなども人に勧められるままに一通りやって、そのあと猛反省しているんですね。

子どもが悪いことをしていたら、反省させればよいのです。というより、人間は、悪いことをしないと反省もしないので（その必要もないので）、悪いことをやらない子どもには、かえって教えそびれてしまう、という傾向もあります。

悪いことをしてもいいのです。**そのあと反省させれば、いろいろなことを教えられるチャンスが増えたことになる**のですから。

5 いろいろ経験した男の子ほど、器も大きくなる

子どもには、様々な経験をさせましょう

男の子は、つねに悪いことをしようとする誘惑に駆られていますし、実際にしてしまうこともあります。大人に比べて、理性が働かないのですから当然です。

もちろん、悪いことをしたら叱ったり、反省させたほうがいいのですが、私は最近になって、「小さな頃には、悪いことをするくらいの男の子のほうが、将来的に見込みがあるんじゃないか？」と思うようになりました。

悪いことを全然しない、ものすごく〝いい子〟は、何だか小粒な大人にしかなれないような気がするからです。

今だから言ってしまいますが、私がはじめてタバコを吸ったのは小学校3年生のときです。昔は、子どもでも普通にタバコが買えたので（親のおつかいだと思われたのでしょう）、ためしに吸ってみたのです。お酒を飲んだのは、中学生のときでしたでしょうか。

自分でも不良なことをしたと思いますが、悪いことをしたことによって、私は不良の人の気持ちも共感できるようになりました。

何事も経験といいますが、自分でも同じ経験をしているのと、そうでないのとではまったく違います。

オレゴン大学のサラ・ホッジズは、出産経験がある女性は、経験がない女性に比べて、初めて子どもを生んだ女性の苦しさをよく共感できる、というデータを報告しています。自分でも同じ経験をしていると、心から相手の気持ちに共感できるのです。

子どもには、いろいろと経験させておくといいですよ。

そうすると、他人に対しても共感でき、やさしさを示すことができる大人になりますからね。

たとえば、自分でもお酒を飲んで酔っ払った経験がない人は、酔っ払いに対してものすごく冷たいんですよ。酔っ払いを、まるで汚いものでも見るかのように扱うのです。

私は、お酒を飲み過ぎて吐いてしまっている酔っ払いの背中をさすってあげたり、水を飲ませたりして介抱するのに何の嫌悪感もありません。それは自分でも酔っぱらいすぎて同じ状態になったことがあるからです。

お酒もやらない、タバコもやらない、女性のいるお店にも行かない、麻雀もやらない…という人は、立派な人には違いありません。けれども、人間として器が小さくなります。付き合いも、人脈も広がりません。

社会に出ると、否応なく、いろいろな種類の人と付き合っていかなければならなくなりますが、人間のえり好みをしない大人になってもらうためには、たとえ悪いことでも経験しておき、悪人でさえ自分の懐に入れてあげられるようになっておいたほうがいいのです。

6 おもちゃは大事にするものではなく、壊させるもの

男の子は、モノを壊すのが大好き

女の子にとって、おもちゃは自分が大事にするもの。

けれども、**男の子にとっては、おもちゃは壊すもの。**

この違いをきちんと認識しておかないといけません。

男の子が、乱暴におもちゃを扱っていると、世のお母さんたちは「大事にしなきゃダメでしょ！」と叱ります。こんな風に怒られたら、もうおもちゃでなんか遊びたくなくなるのではないでしょうか。

子どもにおもちゃを与えたら、それはもう子どものモノ。本来は、どのように

扱ってもいいはずです。

グレン・ドーマン博士の『赤ちゃんに読み方をどう教えるか』（サイマル出版会）という本で、同じことが指摘されていました。「赤ちゃんは、おもちゃの〝箱〟に興味を示す。なぜなら、箱ならいくら壊しても親に怒られないからだ」と言うのです。おもちゃを壊されたくないのなら、壊されてもいいものを与えればいいのです。

私も、息子には安いおもちゃしか与えませんでした。

ヘリコプターのおもちゃを買ってあげたとき、その日のうちに息子はプロペラ部分を壊して、プロペラをテーブルの上でくるくると回して遊んでおりました。

本体の部分は放り出して、プロペラだけで遊んでいるのです。まるでコマのような動きをするので、面白かったのでしょう。もちろん、私は息子を叱ったりはしません。「ほう、こいつは回るものに興味があるんだな」と思っただけです。

男の子は、壊すのが大好き。

いらないＤＶＤプレーヤー、腕バンドの壊れた腕時計なども、リサイクルに出さないで、子どもに与えると、とても喜びます。ドライバーを与えれば、子どもはそれを使って分解するのに夢中になるでしょう。

分解された機械は、「もう一度、組み立ててごらん。難しいけど、できる?」と聞いてみてください。子どもは、「できるっ!」と大声を出して、今度は組み立て作業に没頭してくれるでしょう。

アーカンソー大学のロバート・ブラッドレイは、生後6か月と54か月の幼児に、スタンフォード・ビネー式のIQテストをやらせてみたのですが、おもちゃで遊んでいる子どもほど、知能が高かったそうです。しかも、**母親が一緒になって子どもとおもちゃで遊んであげると、さらに知能が高くなっていた**そうです。

おもちゃで遊ばせるのはいいことです。しかし、高いおもちゃを与える必要はありません。男の子が自由に遊べなければ、それはもうおもちゃでないからです。

壊されるのがどうしてもイヤなら、おもちゃではなく、ビリビリに破ってもいい新聞の広告や、スーパーでもらってきた段ボールなどで遊ばせるといいでしょう。そのほうが、男の子は喜んで、いろいろな遊びを考案してくれます。

7

子どもを「王様」扱いしない

家事を手伝うことで、責任感も養われます

「子は宝」とは言いますが、子どもを無意味にチヤホヤしたり、「王様」扱いするのは、あまり感心しません。

学業ができないほど、子どもを牛馬のように働かせるのは好ましくありません。しかし、子どもに何の家事もやらせずに、自宅にやってきた「お客さん」を扱うようにするのも、同じくらい悪いのです。

子どもも、家族の一員なのですから、何らかの責任を分担させましょう。

ペットの犬の散歩でもいいですし、花壇に水やりをさせるのもいいでしょう。

トイレ掃除でもいいですし、玄関先の靴をそろえさせるのでもかまいません。とにかく何か、**「これくらいは、できる」というものを与えてください。**

そのほうが、子どもの生活にもメリハリが出てきますし、責任感を養わせることもできます。

介護施設やホームでは、スタッフの人たちが何でもやってくれます。

しかし、それでお年寄りが元気に、イキイキと暮らせるかというと、そうではないことがわかっています。

イエール大学のジュディス・ロディン博士は、ある施設においてこんな実験をしました。その施設は、スタッフが気を利かせてお年寄りのために何でもやってあげていたのですが、なぜか老人の死亡率が非常に高かったそうです。またお年寄りはみな元気がなく、他の入居者とおしゃべりを楽しむこともしませんでした。

ところが、お年寄りたちにも仕事を与え、自分でできることは自分でやらせるようにしたところ、お年寄りたちは元気になって、死亡率もそれまでの半分に減ったそうです。

今の子どもたちは、家庭でやることがありません。

みな、親がやってしまうからです。

だからこそ、子どもたちはあまり、元気がなくなってしまうのではないでしょうか。

「お前は、若いんだから、これくらいやれ！」

「ついでにこれもやれ！」

仕事をどんどん子どもに与えましょう。

家事をやらせるのは、子どもをイジメているわけでも何でもなく、むしろ必要なことなのです。「かわいそうだ」などと思う必要もありません。

「勉強だけ」やらせても、子どもはつまらないですよ。むしろ、お皿を洗わせたりすることが、いい息抜きになったりしますから、何の心配もいりません。

「あれもやらなきゃ」「これもやらなきゃ」という仕事を複数抱えているほうが、子どもにとっても、いい意味での刺激になりますし、また効率よく作業をこなすダンドリ力などを磨くこともできるでしょう。

8 息子の成長が遅くとも、あまり気にしないように

成長のしかたは人それぞれです

「這えば立て、立てば歩めの親心」

子どもの成長をハラハラしながら、それでいて早い成長を期待するのが親心なんですね。

とはいえ、**子どもの成長が、他の子どもの成長（一般的な平均値）に劣っているからといって、何ら心配することはありません。**

人間の成長は、非可逆的（「後戻りしない」という意味）な性質を持っておりますから、「もう成長が止まってくれ！」と思っても、やっぱり成長してしまう

ように、黙っていてもぐんぐん成長していくものなのです。

私の長男は、5歳になっても満足に口がきけませんでした。ですが、中学生になった今は、普通にしゃべることができます（男のくせにしゃべりすぎです）。やっぱり、人並みにちゃんと成長はするんですよ。

そういえば、電池の発明で名高い物理学者のボルタも、4歳まで口がきけない子どもで、両親を心配させたそうですが、**口が遅いという男の子はけっこうたくさんいます**。125ページのように、トレーニングはした方が良いですが、あまり心配しすぎる必要はありません。

ゲゼルという心理学者が行った古典的な「階段のぼり実験」というのがあります。ゲゼルは、ある一卵性双生児の片方にだけ、生後46週から52週まで、階段のぼりの訓練をさせました。訓練をするのにまだ早い段階の、ちょっと未熟な赤ちゃんを頑張って訓練させたのです。残りの一人にはそういう訓練はさせませんでした。

訓練をさせたわけですから、そちらの赤ちゃんは階段をのぼるのが上手にできました。訓練しないほうは45秒かかったのに、26秒で階段を這いのぼることができたのです。

ここまでなら、単純に、「練習することに効果がある」というお話ですよね。

しかし、ゲゼルの実験はここからが興味深いんです。

次に、普通に赤ちゃんが階段のぼりができるくらいの時期に、もう一度テストをしました。すると先に訓練していたもう一人の赤ちゃんと、同じ速度でのぼることができたんですよ。

この実験は、訓練はたしかに重要ですけれども、それより子どもがもともと持っている成熟性のほうが重要だ、ということを示しています。

「うちの子は、他の子より、成長が遅い！」

なんて嘆く必要はありません。

そのうちに追いつきます。

他の子に後れをとるまいとして、先にスタートさせたほうがいいのかどうかは、疑問が残るところです。この点については、項目を改めてさらに論じましょう。

9 早期教育は、本当に効果的？

勉強も重要ですが、遊びもまた重要です

ゲゼルの実験は、赤ちゃんに焦って訓練を施すのは、あまり意味がないということを示しています。訓練すれば、たしかに少しは効果がありますが、時期が来れば、他の子に追いつかれるからです。

その一方で、小さなうちから、とにかく厳しく早期教育を施したほうがいいのだ、という意見があります。

しかし、**早期教育や幼児教育、英才教育というものは、本当に効果的なんでしょうか。**

私は、きわめて疑わしいと思っています。

まだ満足に言葉も話せない赤ちゃんに、英会話を聞かせつづければ、大人になっても英語の発音が聞き取れるようになる、という人がいます。

なんだか、ものすごくウソっぽいですね。本当に科学的な根拠があるんでしょうか。

育児書を読んでいると「モーツァルト効果」について紹介してあるものもあります。

小さな赤ちゃんにモーツァルトを聞かせていると、頭が良くなるというのですね。

これは、1993年にカリフォルニア大学のフランセス・ローシャーという心理学者が、『ネイチャー』という一流雑誌に発表した論文によって話題になりました。モーツァルトを聞かせた子どものIQがアップしたというのです。すごいですね。それが本当なら。

けれども、その後にさんざん追試が行われまして、そちらの方では「モーツァルト効果なんて見られないぞ！」という結果ばかりだったのです。

ハーバード大学のクリストファー・チャブリスは、モーツァルト効果を調べた16の研究を総合的に判断し、「ＩＱが高まるといっても、せいぜい１・４ポイント。ほぼ効果がないと言ってよい」という結論を導いています。**言ってみれば、偏差値が48から49になるようなもので、ほとんど効果なんてない**んですよ。あるにはあっても、びっくりするような劇的な効果なんてないんです。

子どもの成長が心配なのはわかりますが、焦っていろいろやってみても、効果なんてないんじゃないでしょうか。


孔子は、15歳くらいで学問に目覚めたらしいですが、本気で勉強を始める気になるのは、やはりそれくらいの年齢なのかな、と思います。

もちろん、私は、「子どもに勉強をやらせるのは無意味だから、全然やらなくていい」なんて言っておりません。私だって、子どもたちには、学校で習うよりも前にかけ算の九九などを教えました。

ただ、小学校の頃には、いわゆるお勉強以外にも、いろいろと学ぶことはあると思います。

特に、**他の子どもと遊んだりするのは、小学生が一番**だと思います。

中学、高校と進むと、なかなか遊んだりするのは難しくなるので、日が暮れるまで遊ばせたほうが、学問とは違う知識をたくさん得られるのではないでしょうか。

私は、理科の授業で習うよりも前に、「太陽が東からのぼって、西に沈む」ことを知っていました。朝から晩まで野山をかけまわっていたので、そういう知識は教えられることもなく、自分でわかっていたのです。

子どもが負担になるほど、早期教育をやらなくても、そのうち他の子には追いつくので心配いりません。むしろ、子ども時代にしかできない体験をもっとさせてあげるといいでしょう。

10 男の子は、走り回るのが大好き

子どもが走り回るのは、元気な証拠です

明治時代の末期から、「廊下は走らないこと」が生活指導として決められています。にもかかわらず、今日まで守られていません。理由は単純。**子どもは、走り回るもの**だからです。

子どもは、歩いていたら、子どもではありません。

授業中に、席を立って、フラフラするような行動は問題ですけれども、休憩時間くらいは、廊下を走り回っても、あまり目くじらを立てなくてもいいのではないでしょうか。授業中も静かに、休憩時間も静かに、では、子どもだってストレ

スが溜まってしまいます。

「子どもは、静かに、大人しくさせるべきだ」

というのは、考え方としてはよく理解できます。

公共の場所、たとえば、**電車やバスの中で走り回るのは、他の乗客の迷惑になるので、親としては厳しくしつけたほうがいい**と思います。

けれども、いつでも子どもに「動くな！」と命じるのは、あまりにも酷というものではないでしょうか。

人間も、動物の仲間ではありますが、動物とは「動く生きもの」という意味です。動かなくなったら、あるいは動けないようにしたら、子どもは精気を失ってしまうものです。

わかりやすい例でいうと、動物園の動物たち。檻の中に入れられた動物は、みな一様に、元気がなく見えるのも、動きが制限されていて、思いっきり走り回ることができないためです。狭いところに閉じ込めて、動きが制限された動物たちは、子育てがうまくできなくなったり、子殺しをするようになったり、自然な環境では起りえないような異常行動をとるようになることが知られています。

子どもも同じで、「動くな、おとなしく座っていろ！」と動きを制限されると、どこか歪んでしまうのではないでしょうか。

米国ライトハウス・インターナショナルのジョアン・レインハート博士の分析によると、身体的に衰えて、介護を受けざるを得なくなった人、すなわち行動が制限された人は、心が落ち込んで、元気がなくなり、無能感を強く味わうようになるそうです。

人間は、動いていると元気になるのであって、動かなくなると、とたんに元気がなくなってしまうのでしょう。普段あまり動かない成人を対象に、「毎日20分の散歩」をさせるようになったところ、心がイキイキしてきて、抑うつ感がなくなった、という報告もあります。

子どもが、家の中を走り回っていると、たいていの親は「静かにしろ！」と怒ってしまうものですが、**少しくらいは大目に見てあげてもいいかもしれません。**元気な証拠だと思えば、あまり腹も立たないのではないでしょうか。

11

進学に迷ったら、鶏口牛後《けいこうぎゅうご》で

自信を持てるということはとても大切

子どもが進学するときには、合格ギリギリのラインで入学させるより、ワンランク落として進学させるのがよいかもしれません。

鶏口牛後という言葉があります。

牛の尻尾のほうにいるよりも、小さくともよいから、鶏の頭にいたほうがよいという意味なのですが、これは**特に男の子に当てはまります。**

超がつくほどの進学校になると、どんなに頑張っても成績は思うように伸びず、学年順位は低くなりますし、後ろのほうであえいでいたら、子どもは何だかやる

気がなくなってしまいます。それよりは、ちょっとがんばればすぐに学年のトップクラスに入れて、周囲から「あいつは天才だ」と思われていた方が、嬉しいに決まっています。

みなさんだって、仕事ができる有能揃いの人たちに囲まれて生活していたら、息が詰まるんじゃないでしょうか。それよりは、ほんのちょっと努力して、たえずトップクラスの業績を残すことができて、ラクラクと地位も役職もあがっていける方が、気分的にラクなのではないでしょうか。

男の子にとっては、「自分はできる」とか、「自分はトップクラス」という意識を持たせるのが将来的には重要なのです。

カリフォルニア大学のリサ・ファスト博士は、小学4年生から6年生の1163名の調査から、**「自分はできる」という思い込みを持っている生徒ほど、算数の成績が良いことを突き止めました**。結局は本人の思い込みが重要なのです。

かりに90点の成績をとったとき、周囲が100点ばかりなら、「自分はダメだ」と気分が落ち込んでしまいますが、周囲が70点とか、60点ばかりなら、「どうだ、俺はすごく頭がいいだろう？」と胸を張ることができます。

私は、高校時代には、つねに学年1位か、2位の成績を保持しつづけましたが、その理由は簡単で、たいした進学校でもなかったからです。

クラスの女子からは、頭がいい男の子だと思われるのは非常に気分がよく、鼻高々で楽しい高校生活を送ることができたのも、鶏口牛後作戦を実行したからだと思います。高校の偏差値ランクを上げて、ひとつ上の進学校に行っていたらと思うと、少し怖い気がするほどです。

男の子には、調子に乗ってもらわなければなりません。

「なんだ、俺はすごくできる男なんじゃない？」

という自信を植えつけるためには、進学にあたっては鶏口牛後作戦をおススメします。

もちろん、合格ラインぎりぎりであっても、「僕は上の学校にチャレンジしてみたい」とお子さんが意欲を見せるのなら、それを応援してあげてもかまいません。かりに受験に失敗しても、本気で頑張った経験はムダにはなりませんから。

コラム

家庭教師を選ぶときには、やる気で選ぶ

子どもに家庭教師をつけるときには、有名な大学の学生であるとか、そういう学歴で選んではいけません。その家庭教師に本気でやる気があるのかどうかで選んでください。あまりパッとしない大学の学生であっても、やる気に満ち溢れていれば問題ないからです。

教師にやる気があれば、子どももやる気になります。

オーストラリアにある、ニューイングランド大学のブライアン・バーン博士は、これを「教師効果」と名づけました。

バーン博士は、355組の一卵性双生児の成績を調査しました。

彼らは学年こそ一緒ですが、別々のクラスで、別々の先生に教えられています。

一卵性双生児の場合には、遺伝子レベルではまったく同じはず。にもかかわらず、成績にはものすごく大きな開きがあることが明らかにされ

ました。

バーン博士の調査によると、先生のやる気によって、子どもの学力にも差が出てきてしまうそうです。これが「教師効果」です。

子どもは、先生のやる気によって感化されるものです。

したがって、先生を選ぶときには、よくよくそのやる気を判断してもらいたいのです。

やる気のある家庭教師は、自作のプリントを持ってきてくれたり、子どもが理解してくれなければ、時間を延長して教えてくれます。

やる気のない教師は、事前の準備がいいかげんで、2時間なら2時間で、きっちり帰ってしまいますから、そういうところで判断してください。

ついでに言うと、学校の先生より、民間の塾の講師や、家庭教師のほうが概して優秀です。

というのも、子どもの学力を伸ばさなければ、簡単にクビになってしまうので、本気で教えてくれるからです。したがって、学校の先生に教えてもらうよりも、信頼できる塾の講師や家庭教師にお世話になることもあろうかと思います。

そして、それを選ぶ際には、先生のやる気に注目してほしいのです。

先生がやる気になっていれば、もともと子どもの頭が悪かろうが、そんなことは無関係に、成績がぐんぐん伸びていくでしょう。

学習塾にしろ、家庭教師にしろ、玉石混交ですから、やる気のない先生はやはりいます。生徒に問題をやらせるだけで、自分は椅子に座って自分の本を読んでいるだけの先生もおります。これでは子どもが自分で勉強しているのと同じですから、早々にお引取り願ったほうがいいでしょう。

ただ、子どもの成績が上がるまでには、若干の時間がかかることも事実です。どんなにいい先生が教えても、子どもの成績が伸びるまでには、3か月から半年くらいはかかります。そのため、子どもの成績が伸びないからといって、すぐに先生をとっかえひっかえするのはよくありません。先生がやる気と熱意に溢れていれば、成績はそのうちについてきますので、安心してください。

5章

これだけは覚えておきたい子育ての心構え

1 甘過ぎる教育は、子どもの成長に悪影響

周りが厳しくできない昨今、せめて親は厳しくしましょう

カナダとアメリカの日系人についての調査によりますと、日系人の一世、二世はともに犯罪や非行がまったく見られなかったそうです。そのため、「日本人の優秀性」などと言われたこともありました。

ところが、時代とともに、三世、四世になるといろいろな問題が現れ始めたといいます。日本人が優秀だったのではなく、**厳しく子どもをしつける日本の教育が良かった**のでしょう。

戦後、日本の教育もアメリカ式になり、子どもの自由というものが大幅に認め

られるようになりました。

学校でも、先生が厳しくやろうとすると、「それは軍人教育だ！」などと非難され、厳しくできなくなったのです。

ちょっとでも手をあげると、教育委員会やＰＴＡがすぐに騒ぐ世の中ですから、先生たちは本当にかわいそうだと思います。**先生が厳しくしたくとも、厳しくできない**のですから。

私は、息子が小学校にあがり、最初の家庭訪問のときに、次のように担任の先生にお願いしました。

「先生、うちの子どもには、とにかく厳しくしてください。言うことを聞かないようなら、遠慮なくビンタをしてくださってかまいません。後になって『体罰教師だ！』などと私が騒ぐことは絶対にありません。とにかく厳しくしてください。親としてのお願いです。よろしくお願いします」

必死にお願いしたのですが、先生の答えは「ノー」でした。

そういうことはできません、というのです。

私は、愕然としました。「それでは、うちの子どもが言うことを聞かなかったら、どうするんですか？」と尋ねてみると、「それは口でやさしく説明したり……」と口ごもってしまいました。今の日本では、「ほうっておく」くらいしかできないからでしょう。

「厳しい教育はダメだ」などと、だれが、どんな根拠で言い始めたのでしょうか。

実際は、逆です。

伝説的なイングランドのサッカー監督ブライアン・クラフは、とても厳しく、管理された権威主義的な指導をしました。練習場でも、選手のやる気を失わせるような叱責ばかりしていました。

ところが、ピッチ上の選手は、イングランドリーグでもっとも勤勉で、団結したチームとなり、UEFAチャンピオンズカップ（現UEFAチャンピオンズリーグ）2連覇を始め、輝かしい実績を残したのです。クラフは、イングランドのサッカー史に名を刻む名将と言われています。

クラフの業績に興味を持って研究を行った心理学者のアイエンガーも、「厳しい指導だから、ダメ」なのではないと指摘しています。選手たちも、甘くて、ぬるい指導で中途半端な成績しかあげられないよりも、厳しくてもいいからきちんとした成果をあげたいと思っているので、むしろ厳しい指導を喜んで受け入れるそうです。

そういえば、日本女子バレーボールを世界一のチームに仕立て上げた「鬼の大松」こと、大松博文さんも、その厳しいスパルタ指導で有名でしたが、選手たちはみな大松さんを慕ってよくついていきました。

「厳しい教育は、絶対にダメだ」などということはありません。**最近では、アメリカでは教育に対して厳しい姿勢をとりつつあります。**子どもの自由を認めすぎた結果、非行が増えたり、教育水準が下がってしまったことへの反省のためです。

ところが、日本ではあいかわらず、子どもを甘やかす教育がなされています。これではいけません。**学校の先生に厳しさを求めるのも難しいですから、親が厳しくしなければならない**と私は思っています。

2

厳しいルール（法律）を作る

子どものためになるルールを決めましょう

少年法が、厳罰化されるということが検討されています。一部の識者たちには、「厳罰化してもムダ」「かえって子どもの非行につながる」などと反対されていますが、私はその厳罰化の方向性は間違っていないと思います。

子どもだって、おバカさんじゃありませんから、厳罰化すれば「犯罪が割に合わない」とわかりますよ。

今の少年法は、あまりにも子どもに甘すぎるので、「犯罪をしたって、へっちゃら」という意識が強いのだと思います。

厳罰化の根拠はあるのか、と言われれば、「はい、あります」とお答えしましょう。

かつてジャマイカで、とても厳しい法律改正が行われたことがありました。その1年後、イリノイ大学のエドワード・ディーナー博士は、厳罰化によって、犯罪がどれくらい減ったのかを調べてみたのです。

すると、殺人に関しては前年より14％減、レイプ事件が32％減、強盗が25％減と、大幅に凶悪犯罪の件数が減っていたんですよね。

私たちは、もし逮捕されて厳しい罰を受けるのだと思えば、おかしなことはしなくなるのですよ。もちろん、子どもだって、そうです。

学校だって、おかしな生徒は、どんどん退学にさせてしまうくらいの厳しい校則を設けている学校のほうが、マジメな生徒が増えます。

生徒の自由を認めて、制服もなし、校則もなし、という学校の生徒が、自主的にマジメになっていく、なんてことは、考えられません。耳や鼻にピアスを開け、腕にはファッション・タトゥーをしていても、先生が何も注意しないような学校は、「自由」というより、むしろ「退廃」しているようにしか思えません。

むしろ、「登校中に先生に会ったら、大きな挨拶をすること」ということをきちんと校則化してある学校のほうが、生徒は元気な声で、自主的に挨拶してくれるようになります。

家庭でもそうです。

うちの息子たちは、学校から帰ってきて玄関に入ってくるなり、二階にまで響く声で、「ただいまあ！」と声を出します。

なぜだと思いますか？

それは、小さな頃に、ただいまを言わずに入ってきた息子を、私が家の中に入れてあげなかったからです。「外に出て、もう一度、入りなおせ。他のウチのことは知らないが、それがウチのルールだ」と叱りつけ、玄関先から外に突き飛ばしたことがあります。

5回くらいこれをやり、「ルールを守らないと、家に入れてもらえない」ということを理解した息子たちは、帰ってくるときには元気な声で挨拶するようになりました。

もちろん、私も家族の一員ですから、例外ではありません。帰宅したときには、やはり隣近所にまで聞こえるように、「ただいまあ！」と声を出します。

子どもには、厳しいルールでのぞみましょう。子どもはおバカさんではないので、すぐにルールを理解して、そのとおりの行動をとるようになってくれます。

またうちの子どもには、「高校生になっても、バイクには乗らせないからな。それがウチのルールだぞ」とさんざん教えてあるので、おそらくバイクには乗りたいとは言わないでしょう。**ルールを教えておけば、子どもは言うことを聞いてくれるのです**。

3

「厳しくすると子どもが反抗する」はウソ

むしろ、甘くしすぎる方が、キケンです

親が厳しくしつけたために、思春期を迎えた子どもが、かえって非行に走ってしまうというお話を聞いたことがあります。

けれども、それは本当のことなのでしょうか。

かつて子どもが親を金属バットで殴り殺してしまったという事件があり、その子どもは親に厳しくされたことを根に持って犯行に及んだと発表されていましたが、それはたまたまそういうこともあった、という例外的なケースでしょう。そういう事件がきわめて珍しかったのでニュースになっただけではないでしょうか。

一般に親が甘く、〝子どもに口出しをしない物わかりのいい親〟である場合ほど、子どもは非行に走るものです。

門限もなく、子どもが夜遊びしても何も言わないとか、「俺の部屋に入るな！」と子どもに言われて、本当に部屋に入らないようにするとか、親の物わかりがいいときに、子どもは非行に走る傾向があります。

ユタ州立大学のブレント・ミラー博士が、15歳から18歳の高校生2000名以上を対象にし、親の厳しさを尋ねてみました。それから、すでにセックスを経験しているのかを聞いてみました。すると、「親が厳しい」と答えた学生の性体験は21・8％、「親はまったく厳しくない」と答えた学生のそれは47・4％でした。親が厳しくないと、子どもはさっさと性体験をすませるのです。

「早く性体験をすませたから、何なんだ！」と考える読者がいらっしゃるかもしれませんが、性体験の早さは、その子どもが非行に走るかどうかのわかりやすい指標。ですから、早熟すぎるのは、やっぱり問題なのです。

オレゴン社会学習センターのデボラ・カパルディ博士の調査結果によれば、早い年齢で性体験をすませる子どもほど、非行に走りやすかったそうです。

結局、親が厳しくすれば、子どもが非行に走ることは少なくなりますし、逆に、親が子どもに口出ししなければ、子どもが非行に走る危険性が高くなる、ということです。

「私は、子どもに厳しすぎるのだろうか？」

「怒鳴ってばかりで、子どもはおかしくなったりしないのだろうか？」

と不安に思う必要はありません。

実際には、**甘すぎることが問題になることはあっても、厳しくて問題になることは、ほとんどない**からです。親が厳しければ、子どもは自分を厳しく律することができるようになり、立派な大人へと成長します。

なぜかはよくわかりませんが、今のお父さん、お母さんたちは、昔に比べて、とてもやさしくなりました。やさしすぎるくらいです。やさしいのはいいのですが、小さな頃から厳しくしておかないと、身体が大きくなってきたときに、子どもの暴走をとめることができなくなります。

4 先生に対して、過大な期待をかけすぎない

学校に期待をしすぎると、それが失望につながることも…

かつての先生は、本当に尊敬すべき対象でした。子どものことを思いやり、わが子以上に教え子を愛してくれました。算数がわからない子どもには、放課後に居残りをさせて、絶対にわかるようにしてくれました。給食は全部食べるように厳しく教え、好き嫌いをなくさせるお手伝いもしてくれました。

私の小学校時代の担任である高岩貞一先生は、「子どもは塾に行かせなくてもいいですよ。僕が、わかるまで教えます。ご自宅にちょっぴり帰るのが遅くなることがあるかもしれませんが、わかるまで帰らせません!」と授業参観のときに

話したそうです。私の母は、それを聞いて安心したと教えてくれました。

今の学校の先生は、昔の先生とは〝質的に違う〟という感じがします。

同じ「先生」とはいえ、昔の先生とは、まったく異なる人間だと思ってください。

もちろん、昔の先生にだってダメな先生はおりましたが、今の先生は、自分の仕事が「聖職」だなどと思っておらず、単なる「職業のひとつ」くらいにしか考えておりません。

信じられないかもしれませんが、学期中だというのに、有給休暇をとって、海外旅行に行ってしまう先生がいるそうです。その理由は、「だって旅費が安いから」だそうで、開いた口がふさがりません。

たしかに、学校の先生にも有給休暇は認められていますが、生徒に対する責任を考えたら、そうそうお休みなどとれないはず。にもかかわらず、自分の権利を最優先に考える先生が多いのは事実です。特に、若い先生は、先生であるという自覚に欠ける人も多くおります。

学校の先生のところに質問に行くと、「塾の先生に聞いてくれよ。どうせ塾でも習ってるんだろ?そっちで教えてもらったらどうだ?」と拒絶されることもあるというのですから、さすがに公務員の先生は違います。民間で働く塾の先生がそんなことを言ったら、すぐにクビにされてしまいます。

ともかく、学校の先生にはあまり期待しないほうがいいです。

「大切なことは、全部、親である自分が教えてやる!」と思っているくらいで、ちょうどいいのではないでしょうか。

あくまでも教育の場は、家庭が主食で、学校は副食かデザートくらいに思っていたほうがいいのではないでしょうか。

学校への期待が高いと、現実とのギャップにより、失望感が生まれてしまいます。それにまた、期待しすぎると、その期待に応えてくれない先生に対して、恨みなどを感じてしまうかもしれません。

その点、学校に対してちっとも期待していなければ、子どもに何もしてくれなくとも、少しも腹が立たなくなります。

「学校は、○○してくれるはず」

などと期待するから、現実に裏切られて悔しい思いをするのですから、最初から、そういう淡い期待を持たなければいいのです。

カナダにあるブリティッシュ・コロンビア大学のマイケル・ハーリング博士は、相手に対して過剰な期待を持っていると、相手が期待に応えてくれずに不満が高まるというデータを報告しておりますが、まさにそのとおりなのであって、学校の先生にあまり期待してはいけません。余計にキリキリさせられてしまいますから。

もちろん、学校の先生に期待しないとはいっても、担任の先生とケンカなどしてはいけませんよ。

表面上は、あくまでもニコヤカに付き合い、家庭訪問のときにも、「先生には、いつもお世話になっており、感謝しております」というお世辞でも言ってあげればいいのです。

5

子どものご機嫌取りをしていたら、教育なんてできない

時には、嫌われるのを覚悟で叱りつけましょう

最近の大学では、学生に先生を評価してもらうシステムになっています。先生は、学生の評価をもとに、講義を改善しなければなりません。私がお世話になっている立正大学にも、学生による評価がなされています。

かつての大学の先生というと、講義の開始時間には平気で遅れてやってくるとか、勝手に休講にしてしまうとか、ものすごくやる気のない態度がミエミエだったものですが、学生が評価するとなると、気が抜けなくなります。今の大学の先生は、ものすごくマジメな人ばかりになりました。

その意味では、学生による評価システムも悪いことではないのです。

しかし、学生からの評価をあまり気にしすぎると、厳しく教えることができなくなる、という困った問題も起きます。

学生に知識をつけてもらうために一番いいのは、たくさん課題を与え、うんざりするほどレポートを書かせることです。これは間違いありません。

しかし、そうやって厳しくすると、学生からの評価はものすごく悪くなってしまうんですよ。

学生のために一生懸命にやればやるほど、どうしてもハードな講義になりますから、学生は嫌がります。そのため、熱心にやるほど、自分の評価は反比例して下がってしまう、という皮肉な結果になります。さらにまた、大学の事務からは、「評価が悪すぎるので改善してください」と怒られてしまうんです。

私は、「学生の評価は悪くてもいいか」と割り切るようにしました。

「学生に気に入られないと評価は悪い」ということは、これはもう評価ではなくて、単なる人気投票ですよ。これでは教育なんてできません。

子どもの教育も、まったく同じ。

子どものご機嫌取りをしていたら、嫌われることを怖れていたら、教育なんてできません。

子どもはたっぷり甘やかしてくれる親が好きに決まっています。ご機嫌ばかり取っていれば、子どもは「お父さん、お母さん、大好き！」と言ってくれますよ。それはそれで嬉しいかもしれませんね。けれども、子どもはどんどんダメになっていきます。

注意すべきときに、注意していれば、「うるさい親だな」と嫌われます。しかし、そこで怯んではいけないのです。

「おい、俺が名前を呼んだら、すぐに『はい』と返事をしろ！」と叱ると、息子たちはものすごくふてくされた顔をします。気に入らないという気持ちが顔に出ています。

このとき、ダメな親なら、子どもに嫌われるのを恐れて、「…まあ、次から気をつけろ」などといきなりトーンダウンしてしまうのでしょうが、これではよくありません。

私ならさらに声を荒げて、「おい、なんだ、そのふてくされた顔は！」と叱ります。嫌いな感情を顔に出さない、と教えるのも大切ですから、そこまで注意しなければならないのです。

子どもからの評価をあまり気にしてはいけません。気にすると何も教えられないことになってしまいますから。

6

子どもに迎合しない

これくらいはいいか、と大目に見てしまわないように

子どもを本当に愛しているのなら、厳しくしてください。愛は厳しさです。厳しさが欠けたやさしさは、単に甘いだけ。

子どもを愛している親は、子どもに厳しくします。それが子どものためだと思っているので、厳しくできるのです。

かつてのサッカーのブラジル代表のザガロ監督は、１９９４年のＷ杯アメリカ大会で優勝に導き、つづく１９９８年のＷ杯フランス大会でもチームを準優勝に導きました。監督・コーチとして臨んだ試合は合計１５４試合。１１０勝33引き

分けで、敗戦はわずか11という素晴らしい監督でした。

そのザガロ監督は、W杯期間中になると、選手たちに戒律を示して絶対に従うように、と求めたそうです。

その戒律とは、「携帯電話を使うな」「許可なくホテルから外出するな」「監督批判は厳禁」「時間厳守」といった、まるで子どもを相手にするような厳しいものでした。また、ザガロ監督は、大会前に選手全員に国歌斉唱を練習させてもいます。**基本的なことができなければダメだ、という強い信念のあらわれ**でしょう。

ブラジルの選手というと、自由度の高い芸術的なプレーで知られていますが、規律があるからこそ強いのです。試合では、選手の裁量にまかせますが、練習と生活習慣では、ものすごく厳しいのです。だから強くなれるのです。

子どもを大事にし、よく面倒を見るのはいいでしょう。

かわいがるのも、いいでしょう。

ですが、ここから先が問題で、子どもの言いなりになる、子どもに甘い、子どもに迎合するのは、よくないのです。

会社では、上司に対して迎合するのが社会人の知恵。ですから、上司やクライアントにペコペコするのは、いいでしょう。それによって出世できたり、仕事がやりやすくなるのなら、迎合するのも意味があります。

けれども、自分の子どもにまで迎合するのはいかがなものでしょうか。会社での行動が「習い性」となってしまって、そのまま家庭に持ち込むのはいけません。子どもにまで、迎合してどうするのですか。

子どもの将来を考えれば、絶対に厳しくしたほうがいいと思います。

フランスのワインはなぜおいしいかというと、厳しい法律があるからです。フランスでは、低品質のワインは「違法」ですから、出荷できません。それくらい厳しい法律があるから、おいしいのも当たり前です。

日本の自動車をはじめ、工業製品の質の高さは世界一と言われていますが、それもやっぱり厳しいルールを通ったものしか売りに出せないから、良質なのです。

子どもに厳しいルールを課すのも同じです。「まあ、これくらいいいか」と大目に見てしまうから、子どもの質が悪くなるのです。

7

子どもにはどんどん注意する

ルールはルール、ダメなものはダメなんです

子どもに何かを注意すると、さかんに理由を尋ねてきます。

「どうして大きな声で挨拶しなきゃいけないの？」

「どうして歯磨きしなきゃいけないの？」

「どうして学校に行かなきゃいけないの？」

まったく「どうして、どうして」ばかりで、困ってしまいます。

やさしすぎる親は、ここで考え込んでしまいます。

「なるほど、子どもの言うことはひょっとすると正しいのかもしれない」と。

しかし、ここで不安になってはいけません。

どこかおかしいよな、どこかヘンだよなと感じたことは、どんどん注意しましょう。その際には、理由なんてなくていいんです。「うるさい、それがルールだ」と一言注意すればいいんです。

人間の社会には、矛盾なんて探そうと思えばいくらでもあるんです。

おかしなルールだって、たくさんあります。

しかし、**ルールはルールとして従わなければ、社会は成り立ちません**。

そこをうまく口で説明できないからといって、子どもの言うことが正しいことにはなりません。理由はうまく説明できないけれども、〝ダメなものはダメ〟の論理で押し切ってください。

オランダのアムステルダム大学のヴァンクリフ博士も、「怒ることによって相手はこちらの言うことをよく聞くようになる」と指摘しています。

怖さを見せるのは、決して悪い方法ではないのです。やさしい言い方は、たしかに子どもの心を傷つけないかもしれませんが、効果もありません。効果がなくてはどうしようもないと思いませんか。

子どもが、「学校なんて行く意味がない」というのなら、「それなら、お父さんだって、会社に行く意味なんてないから、会社に行かないことにする。でも、そうするとお金がなくなっちゃって、家族みんながホームレスになるけど、それでもいいか？」とでも言っておきましょう。

子どもはビックリして、「う〜ん、しょうがないね…。僕も学校に行くから、お父さんもきちんと会社に行きなよ」と言ってくれるのではないでしょうか。

子育ての本を読んでいると、「子どもに何かをやらせるときには、理由をきちんと説明する必要があります」などと書かれています。

たしかに理由が説明できれば、それに越したことはないのですが、いつもいつも説明できるとは限りませんよね。そんなときでも、**おかしなことはおかしいのだと注意しなければなりません**。注意すべきときには注意するのをためらってはならないのです。

8 どんなにがんばっても、子育てに失敗することはある

あまり自分を責めすぎる必要は、ありません

どんなに仕事をがんばっても、それが成果に必ずしも結びつくことではないことは、読者のみなさんもご存知ですよね。がんばっても、がんばっても、それで成功するという保証はどこにもありませんよね。当たり前の話ですけど。

私は、いつもがんばって本を書いておりますが、ものすごく一生懸命に資料を調べて書いても、売れない本はさっぱり売れません。

子育てもそうで、「これだけがんばったんだから、これくらい子どもは立派になるはずだ」と思っても、やっぱりそうそう思いどおりの結果が得られないとい

うことはあるんです。

史記には、「慈母に敗子《はいし》あり」という言葉が出てきます。**どれだけ慈悲深い母親に育てられても、子どもが不良に育ってしまうことは残念ながらある**のだ、という意味です。

草花の種を蒔いても、すべてが芽を出すとはかぎりません。きちんと水を与え、日光に当てても、それでも発芽しない種は発芽してくれないのです。

これは、もうどうしようもありません。

子育てをがんばっても、子どもが歪んでしまったとき、親はものすごく落胆します。

そして、「自分の子育てがまずかったのかもしれない。子どもに申し訳ない」と自分を責めてしまいます。

けれども、**自分を責める必要はありません**。これればかりは、どうしようもないことなのであって、みなさんの責任ではないのです。**子どもの行為がすべて親の責任ではない**のですから、かりに子どもが不良になっても、それはそれでしかたありません。

100人の子どもを、100人とも立派に育て上げる完全な教育法などありません。そんな教育法は、これまでも見つかっておりませんし、これからもたぶん見つからないでしょう。どんなに世話を焼いても、**子どもがどういう大人になっていくのかは、子どもが大人になるまでわからない**ものなのです。

ミネソタ大学児童発達研究所のアン・マステン博士によると、親が子どもを愛し、お互いの間に愛着関係が生まれていれば、その子どもは、将来にとても有能な大人になるそうです。

しかし、それもあくまで確率の問題なのであって、「100人が100人とも…」というわけにはいきません。

とりあえず親としてできることは、すべてやってあげることだけを考えましょ

う。

その**結果については、あまり気にしない**ことです。

仕事だって、本気で取り組むことが最も重要なのであって、その結果についてはあまり考えすぎないほうが、いいですよね。

「結果は、後からついてくるんだ」と信じて、とりあえず目の前の仕事に全力投球するのが一番ですが、子育てもそうなのではないでしょうか。

9 男の子の遅れは、中学生になるまで気にしない

ゆっくりでも、着実に成長しているものです

女の子は、男の子に比べて、身体的にも、精神的にも成長が早いという特徴があります。学業でも、女の子のほうがすぐれているので、中学生になるくらいまでは、女の子のほうが男の子をリードします。

マナーやエチケットも女の子はすぐに身につけるのに、男の子はなかなかそうはいきません。

私の長男は、中学生になろうというのにいまだにシャツがズボンから出ていることがありますし、襟が曲がっていても気にしません。男の子はあまり他人から

どう見られているのかを意識しないので、だらしなくとも関係ないのでしょう。
オーストラリアの心理学者スティーブ・ビダルフ博士は、「女の子のほうが、男の子よりやる気も、自信も高い。男の子はだらしなく、また人との付き合い方もヘタである」と指摘しています。

どうも男の子は、成長が遅いのは事実であるようです。

最近では、「男の子は女の子より一年ほど成長が遅いのだから、一学年下の女の子のクラスに入れるようにしてはどうか？」と大マジメに提案している研究者もいるほどです。

男の子と女の子には大きな差があるので、学習到達度や成長の記録などで平均値をとってしまうと、男の子にとっては、ものすごくハードルの高い設定になってしまいます。したがって、男の子を育てるときには、あまり成長が遅いことを気にしないことです。

だいたい中学生になる頃に女子に追いつき、高校生になって追い抜いて行く、というのが男の子のパターン。

ですから、**小さなうちにはあまり気を揉まないほうがいい**のです。

私には、ひとつ年上の姉がおりますが、小さな頃には、かけっこにしろ、勉強にしろ、口ゲンカにしろ、すべてにおいて頭が上がりませんでした。

そのため、私は女性に対して、一種の恐怖のようなものを感じています。

たいていの男の子は、女の子に頭があがらないという経験をするので、自信を失うことのほうが多いのです。そのため、かりに成長が遅くとも自信を失わせないような励ましも必要でしょう。

男の子の成長が遅くとも、それを叱責するのはかわいそうです。「早く大きくなりなさい！」と怒られても、子どもにもどうすれば大きくなれるのかわかりませんし、いたずらに自信を失うことになります。

男の子の成長は、ゆるやかではありますが、ある日突然、まるで違う人物のように変化することがあります。俗に「化ける」といいますが、男の子は、三日間会わなかっただけでも刮目して見なければならないほどの人物に化けてくれることがあるのですから、それを楽しみに子育てに励んでください。

10

義務感で子どもと付きあうのは厳禁

乗り気でないのを子どもは気づいてしまいます

「子どもと過ごすのは、親の義務だからしかたないな」と思いながら、子どもと一緒にいるのは、好ましくありません。どうしても子どもと一緒にいたくないのなら、むしろいないくらいのほうがお互いに幸せです。

みなさんは、明らかに自分を嫌っている人と一緒にいて、嬉しいでしょうか。

こちらが話しかけても、「ふ～ん」とか、「あっ、そう」という素っ気ない返事ばかりの人と一緒に遊んだり、ゴルフに出かけたり、お酒を飲んだりして、面白いでしょうか。ちっとも面白くないばかりか、むしろ不愉快ですよね。

子どもだって、そうなんです。

どこかにドライブに連れて行ってもらっても、親がつまらない顔をしていたら、子どもだって面白くありません。

せっかくのドライブなのに、「週末くらい、ゆっくり眠りたい」とか、「なんでこんなに渋滞してるんだよ。ドライブなんかやめればよかった」と、ぶつぶつ文句ばかり言っていたら、子どもだって気分のいいものではありません。

罪の意識や、義務感から子どもと遊んでやる、という姿勢がすでにダメな親です。

むしろ、**「子どもに遊んでいただく」くらいの気持ちがないのなら、子どもと遊ぶのはやめましょう。**

作家の野坂昭如さんは、子どもにも非常に丁寧で、「パパと遊んでいただけませんか？」という言葉を使うそうです。このエピソードは、下重暁子さんの『聞き上手話し上手』（大和出版）に出ていたのですが、なるほどと納得できます。

「子どもと遊ぶのは、つまらないけど義務だから…」と思っていると、そういう感情は、顔の表情や、声の冷たさになって表れてしまいます。隠そうとしても、隠せないのです。

顔の表情や、声の冷たさは、無意識です。

自分でも気がつかないうちに、出てしまうのです。

みなさんが、イヤイヤ子どもと付きあっていることは、子どもにはお見通しなんです。

いくら、みなさんが言葉で取り繕おうとしても、表情に出てしまっているのですから、どうにもなりません。「楽しい」などと言っても、つまらない顔をしていれば、子どもだってわかるんですよ。

カナダにあるヴィンセント大学で、こんな実験が行われたことがあります。

「おいしい」と口では言いながら、眉をしかめているビデオを作成し、それを3歳から5歳の子どもに見せてみたのですが、小さな子どもたちでさえ、「おいしい」などという言葉は信用せず、「まずそうな表情」を信用して、その飲物はまずいのだろう、と推測することが明らかにされたといいます。

日曜日に、一人でぶらぶら買い物をしたいのなら、そうしたらどうでしょうか。奥さんや子どもには、「俺だって、人間だ。一人で遊びたいときもある。その代わり、夕方には戻るから、みんなで一緒に外食に出かけよう」と言っておけばよいのです。**イヤイヤ付きあっても、お互いに気分が悪くなる**のですから。

子どもを尊重するのはよいですけれども、自分が我慢までして子どもと付きあう必要はありません。

かつての日本では、お父さんは家族のことなどこれっぽっちも顧みませんでしたし、遊びほうけておりましたけれども、それで子どもがみんな歪んでしまったかといえば、そんなこともありませんでした。

私の父も、週末になると遊んでばかりで、あまりかまってもらった記憶がありませんが、別に父親を恨んだりもしていません。子どもは、逞しいのです。親が遊んでくれないなら、自分で勝手に遊ぶことを覚えます。

11

自由放任教育ではダメ

のびのび育てるだけでは、ダメなんです

精神分析学という学問を創始したフロイトは、「人間はみな、犯罪者として生まれてくる」と言いました（『人はなぜ、犯罪をおかすのか？』小田晋、はまの出版）。本能のおもむくままに自由に振る舞っていいなら、現実社会では、だれでも犯罪者になってしまう、ということを言っているのです。

子どもは、とても残虐で、乱暴で、攻撃的です。

生き物を平気で殺しますし、石を投げたりします。他の子どもの髪の毛を引っ張ったり、殴ったりするのは、日常茶飯事です。

そういう子どもに対して、ルールの大切さを教え、社会生活に必要なマナーを教えるためには、しつけと教育が不可欠。そして、教育を実践するためには、どうしても強制力が伴います。**強制しなければ、子どもが自発的にルールを学んでくれる、などということは期待できない**からです。

にもかかわらず、「子どもは自由にさせたほうがいいんだ」とか、「放任主義で育てたほうが、子どもはのびのびと生きられるんだ」と教える人がいます。

たしかに、自由にさせておけば、子どもはのびのびできるでしょうね。

ただし、他の人にはものすごく迷惑をかけながら、ですが。

勉強に関しても、子どもの自発性とやらを期待して、本人がやる気になるのを待とうとしていたら、いつまでも勉強などしないことになります。

マックス・プランク研究所の、スワンジェ・ディットマーズ博士は、いろいろな中学校の、いろいろなクラスで、生徒の成績を調べてみました。

その結果、担任の先生が、たっぷり宿題や課題を出しているクラスほど、子どもの成績がよいことが明らかにされました。

子どもの自発性などおかまいなしに、厳しく宿題を出してくれる先生のほうが、結局は、子どもの成績を伸ばすことができるのです。

自民党初代総裁であった鳩山一郎さんの一族は、お孫さんの由紀夫氏や邦夫氏を含めて、みな東大卒ばかり。そんな鳩山家の勉強法といえば、とにかくスパルタ式の厳しいものであることが知られています（『鳩山家の勉強法』、ごま書房）。

鳩山家では、たとえ小さな子どもでも、甘やかさずに午前3時から4時には起床をさせて勉強させるというのですから、驚きですね。これだけ勉強させるのであれば、頭が良くなるのも当然といえるでしょう。

できる子どもは、勝手にできる子どもにはなりません。

そういう子どもも、いることはいるのでしょうが、そんなに多くありません。失礼を承知で言えば、みなさんのお子さんは、そういう大天才ではありませんよね。みなさんも、**子どもにはできるだけ厳しくしてください**。教えなければ、子どもはできるようになりません。不良になったり、ロクでもない大人になることは、目に見えているのです。

12

男の子は、少々乱暴なぐらいでちょうどいい

活動的なのは、男の子の宿命です

男の子は、女の子に比べて、ずっと乱暴です。おもちゃを投げたり、壊したりするのも、男の子だからです。じっと座っていられず、外を走り回っていたほうがラクなのも、男の子がもともと活動的だからです。

なぜ男の子は、こんなに落ち着かないのでしょうか。

それには、ホルモンが影響しています。

男の子は、女の子よりも、テストステロンが多く分泌されます。そして、テストステロンは、別名「男性ホルモン」とも呼ばれています。男の子が荒っぽいの

は、テストステロンの分泌がさかんだからでしょう。お転婆の女の子も、テストステロンの濃度が高いという特徴がありますが。

ところで、男の子が少々乱暴なくらいでちょうどいいと私は思っておりますが、その根拠は、将来性があるからです。

ジョージア州立大学のジェームズ・ダブズ教授は、企業経営者、政治家、スポーツ選手、聖職者など、さまざまな職業の男性のだ液を採取して、そのテストステロン濃度を調べてみました。

すると、分野を問わずに、優れた業績を残している人ほど、男性ホルモンであるテストステロン量が多いことがわかったんですね。

テストステロンは、人を攻撃的にするばかりでなく、「ナニクソ！負けてなるものか！」という強い意欲とも関係していますから、一概に悪いホルモンともいえないのです。むしろ、**男らしく、強い男の子に育つということ**でもあるのです。

ちなみに、ダブズ教授によると、唯一、テストステロンが関係していない職業がありました。それは「牧師」でした。牧師で成功するには、男らしさがあまり必要ないからかもしれません。

ついでに言っておきますと、テストステロンは、女性を惹きつけるホルモンとしても知られていて、テストステロンの分泌が盛んな男性ほど、女性にもモテます。

「うちの子は、きかん坊で困る」

「うちの子は、ガキ大将で、みんなに迷惑をかけている」

とお嘆きの親御さんもいらっしゃるかもしれませんが、それはテストステロンが多く分泌されているということですから、将来は大物になってくれるかもしれませんし、女性にモテモテの大人になってくれるかもしれませんよ。

そうやって明るく見守ってあげてください。

元気がなく、静かであるからといって喜んではなりません。

それは、男性ホルモンであるテストステロンがあまり分泌されていないからかもしれず、それはあまり好ましいことではないのですから。

13

判断に迷ったときには、〝本能〟に従う

あまり迷わず、自分の判断を信じましょう

子どもに何か注意したいのですが、とっさにわからないことがあります。

「こういうエッチな本を読ませてもいいのだろうか?」

「最近、スマートフォンばかりいじっているが、少し控えるように注意したほうがいいのだろうか?」

このような**判断で迷ったときには、〝本能〟に従いましょう。**

自分の本能で、「まあ、これはOK」と思えるのならかまいませんし、本能が「ダメ」とささやいているのなら、それはダメなのです。

「本能なんて、非科学的な…」

と思われるかもしれませんが、**第六感による判断というのは、まことに優れた判断基準。ですから、大いに参考になさってかまいません。**

それにまた、本能は非科学的だと思われておりますが、科学的な検証もなされています。直感的にパッと判断したほうが、熟慮による判断より、かえって優れていることまで示されています。

ヴァージニア大学のチモシー・ウィルソン博士は、大学生にジャムの味覚テストをやらせてみました。いくつかのジャムを試食させ、品質の得点をつけさせてみたのです。

学生たちは、ジャムの専門家ではありませんから、これには困ったことでしょう。

ウィルソン博士は、半分の学生には、「何も考えずに、パッと選んでくれ」と頼んだのですが、直感的に判断させたこのグループの答えと、実際の味覚専門家のつけた判断とは、驚くほど一致しました。なんと一致率は55％にものぼったのです。

残りの半分の学生には、「きちんと理由を考えながら、品質の得点をつけてほしい」と頼みました。ところが、こちらの熟慮グループでは、専門家との一致率は11％にすぎなかったそうです。

私たちの本能的な直感力というのは、まことに優れているのです。

他にも、犯罪被害者に対する調査から、被害者は犯罪に遭う直前に、「なにかイヤな予感がする」ということに気づいていたことを示すデータがあります。

「こっちに行ったら、危なそうだな」とか、「この道を進むのはイヤだな」と本能がささやいているときには、本当に危険なのです。

子どもに対しての判断もそうで、わからないときには、いくら考えてもわからないのですから、とにかく本能に従いましょう。

そういえば、結婚するときにも、本能的に「この人なら大丈夫」と思った人と結婚すると、結果として、結婚生活がうまくいくことも知られています。本能による判断も、意外にバカにできない効果があるのです。

コラム

子どもの自由を認めるのは、ある程度の年齢がきてから

子どもの自由を認めるのもいいでしょう。

しかし、それはあくまでも、子どもに分別ができてからです。3歳くらいの、まだ右も左もわからないような子どもにまで、自由を認めるわけにはいきません。

小さな子どもに自由を認めるのは、放蕩や、堕落にしか結びつかないからです。

「子どもが、眠りたくなったときに眠ればよい」

と考えて、夜遅くまで起こしておく親がいるとしましょう。

この親は、子どもの自由を尊重する、立派な親なのでしょうか。

私は、そう思いません。

子どもがまだ眠りたくない、と文句を言っても、「子どもは眠るのが仕事だ！」と突っぱねて、眠りたかろうが、眠りたくなかろうが、決まった時間には布団に入らせる習慣を強制しなければなりません。

ルソーは、こう言っています。

「自由というものは、あの実質的で滋味ゆたかな食物か、あるいはコクのある葡萄酒のようなものであって、それに慣れている丈夫な体質を養い強めるには適しますけれども、それに合わない虚弱できゃしゃな体質を圧倒し、破壊し、酔わせるからです」（『人間不平等起源論』Ｐ11）

自由は、とても重いものです。

子どもには、持てあましてしまうものです。

子どもに自由を認めるわけにはいかない、と私が考えるのも、そのためです。

もちろん、絶対に認めないのか、というとそんなことは言っておりません。

ただ、小学生くらいの子どもにまで自由を認めるのはいかがなものか、と言っているのです。

現代の教育は、子どもの自由を認めすぎています。子どもに人権があるのは当然としても、何でもかんでも自由を認めるわけにはいきません。それを認めてしまうと、あらゆる教育が不可能になってしまいます。

「何歳から、子どもの自由を認めてあげればいいのでしょうか?」

そう質問されると困ってしまいます。客観的に何歳からという明確な指標があるわけではないからです。しかし、経験的には中学生くらいから少しずつ自由の度合いを増やしてあげていくのがいいのではないでしょうか。

ただし、最近では、高校生になっても子どもっぽい人が多いので、「成人するまでは、自由を認めない」というくらい厳格なしつけをしても、それはそれで良いのかな、という気もしています。子どもが堕落するくらいなら、いっそのこと厳しいほうが良いことは間違いないからです。

あとがき

どの親御さんもそうだと思うのですが、私も子育てに関しては、不安がいっぱいです。

「自分の子育ては間違えてはいないのか？」

「自分のやり方は正しいのか？」

とたえずビクビクしながら、どうにかこうにか父親をやっている。そんな感じです。

子育てに不安を感じていない親御さんはいらっしゃらないとは思いますが、そんな不安を少しでも軽くしてあげたい。そういう気持ちで、本書を執筆いたしました。

私自身には、本文でも述べたとおり、二人の男の子がおります。

というより、男の子しか育てた経験がないので、本書のようなタイトルになりましたが、本書の内容は、もちろん女の子の子育てにも当てはまるでしょう。

本書の執筆にあたって、改めてどうしてこんなに子育てが不安なのだろう、と考えてみたのですが、「一回しかできない」「失敗が許されない」という2つの理由が原因だと思われます。

時間を巻き戻すことができない以上は、一人の子どもに、子育ては一回しかできません。

しかも、失敗も許されません。子どもの人生を台なしにして良いわけがないからです。

この2つが、親の不安を高めるのではないかと思われます。「絶対に失敗するわけにはいかない」というプレッシャーが、いたずらに不安を大きくしてしまうのでしょう。

かつての家庭には、子どもが何人もおりました。6人兄弟、7人兄弟などという家庭も珍しくはありませんでした。だから、「そのうちの1人か2人くらいは、子育てに失敗しても、まあいいか」という気楽さが昔の親にはあったのではないでしょうか。

ところが、現在は、子どもが1人。せいぜい2人。子どもが1人しかいないのであれば、子育てのチャンスも一回だけ。これでは子育てに不安を持つなというほうがムリなのかもしれません。

私の母親は、私に向かって「気楽に子育てしてればいいんだよ」とアドバイスしてくれますが、なかなか気楽にはいかないのが子育てというものです。そういうものだと割り切って、不安と上手に付き合っていくしかないのでしょう。

さて、本書の執筆に際しては、成美堂出版編集部の今村恒隆さんに大変にお世話になりました。この場を借りてお礼を申し上げます。

最後になりましたが、読者のみなさまにもお礼を申し上げます。

ここまでお付き合いくださって、本当にありがとうございました。

私はこれからも不安を抱えながら、それでも何とか子育てをがんばります。読者のみなさんもそうだと思いますが、お互いにがんばっていきましょう。かわいい子どものためですからね。

参考文献

Bellmore, A. 2011 Peer rejection and unpopularity: Associations with GPAs across the transition to middle school. Journal of Educational Psychology ,103, 282-295.

Benson, M. J., Larson, J., Wilson, S. M., & Demo, D. H. 1993 Family of origin influences on late adolescent romantic relationships. Journal of Marriage and the Family ,55, 663-672.

ビダルフ ,S.（菅靖彦訳） 2003 男の人って、どうしてこうなの？ 草思社

Bradley, R. H., & Caldwell, B. M. 1976 The relation of infants' home environment to mental test performance at fifty-four months: A follow up study. Child Development ,47, 1172-1174.

Brase, G. L., & Richmond, J. 2004 The white-coat effect: Physician attire and perceived authority, friendliness, and attractiveness. Journal of Applied Social Psychology ,34, 2469-2481.

Bryant, N. J. 1975 Petitioning: Dress congruence versus belief congruence. Journal of Applied Social Psychology ,5, 144-149.

Byrne, B., Coventry, W. L., Olson, R. K., Wadsworth, S. J., Samuelsson, S., Petrill, S. A., Willcutt, E. G., & Corley, R. 2010 "Teacher effects" in early literacy development: Evidence from a study of twins. Journal of Educational Psychology ,102, 32-42.

Capaldi, D. M., Crosby, L., & Stoolmiller, M. 1996 Predicting the timing of first sexual intercourse for at-risk adolescent males. Child Development ,67, 344-359.

Chabris, C. F. 1999 Prelude or requiem for the "Mozart effect"? Nature ,400, 826-827.

De Boer, H., Bosker, R. J., & Van der Werf, M. P. C. 2010 Sustainability of teacher expectation bias effects on long-term student performance. Journal of Educational Psychology ,102, 168-179.

Dettmers, S., Trautwein, U., Ludtke, O., Kunter, M., & Baumert, J. 2010 Homework works if homework quality is high: Using multilevel modeling to predict the development of achievement in mathematics. Journal of Educational Psychology ,102, 467-482.

Diener, E., & Crandall, R. 1979 An evaluation of the Jamaican anticrime program. Journal of Applied Social Psychology ,9, 135-146.

ドーマン ,G.（食野雅子訳） 1990 赤ちゃんに読み方をどう教えるか サイマル出版会

Duchesne, S., & Ratelle, C. 2010 Parental behaviors and adolescents' achievement goals at the beginning of middle school: Emotional problems as potential mediators. Journal of Educational Psychology ,102, 497-507.

Erchul, W. P., Raven, B. H., & Whichard, S. M. 2001 School psychologist and teacher perception of social power in consultation. Journal of School Psychology ,39, 483-497.

Eskritt, M., & Lee, K. 2003 Do actions speak louder than words? Preschool children's use of the verbal-nonverbal consistency principle during inconsistent communications. Journal of Nonverbal Behavior ,27, 25-41.

Fast, L. A., Lewis, J. L., Bryant, M. J., Bocial, K. A., Cardull, R. A., Rettig, M., & Hammond, K. A. 2010 Does math self-efficacy mediate the effect of the perceived classroom environment on standardized math test performance? Journal of Educational Psychology ,102, 729-740.

Gilles, R. M. 2003 The behaviors, interactions, and perceptions of junior high school students during small group learning. Journal of Educational Psychology ,95, 137-147.

Golby, J., & Sheard, M. 2004 Mental toughness and hardiness at different levels of rugby league. Personality and Individual Differences ,37, 933-942.

Hancock, D. R. 2000 Impact of verbal praise on college students' time spent on homework. Journal of Educational Research ,93, 384-389.

Haring, M., Hewitt, P. L., & Flett, G. L. 2003 Perfectionism, coping, and quality of intimate relationships. Journal of Marriage and Family ,65, 143-158.

Hodges, S. D., Kiel, K. J., Kramer, A. D. I., Veach, D., & Villaneuva, B. R. 2010 Giving birth to empathy: The effects of similar experience on empathic accuracy, empathic concern, and perceived empathy. Personality and Social Psychology Bulletin ,36, 398-409.

Iyengar, S. S., & DeVoe, S. E. 2003 Rethinking the value of choice: Considering cultural mediators of intrinsic motivation. In V. Murphy-Berman and J. J. Berman(Eds.), Cross-cultural differences in perspectives on the self(vol.49, pp.129-174). Lincoln, NE: University of Nebraska Press.

Johnson, H. W. 1961 Skill=Speed × Accuracy × Form × Adaptability. Perceptual and Motor Skills ,13, 163-170.

Judge, T. A., Hurst, C., & Simon, L. S. 2009 Does it pay to be smart, attractive, or confident(or all three)? Relationships among general mental ability, physical attractiveness, core self-evaluations, and income. Journal of Applied Psychology ,94, 742-755.

Krampe, R. T., & \ Ericsson, K. A. 1996 Maintaining excellence: Deliberate practice and elite performance in young and older pianists. Journal of Experimental Psychology: General ,125, 331-359.

Lim, N., Ahearne, M. J., & Ham, S. H. 2009 Designing sales contests: Does the prize structure matter? Journal of Marketing Research ,46, 356-371.

Masten, A. S., & Coatsworth, J. D. 1998 The development of competence in favorable and unfavorable environments. American Psychologist ,53, 205-220.

McDaniel, M. A., Agarwal, P. K., Huelser, B. H., McDermott, K. B., & Roediger, H. L. Ⅲ . 2011 Test-enhanced learning in a middle school science classroom: The effects of quiz frequency and placement. Journal of Educational Psychology ,103, 399-414.

McNulty, J. K., & Russell, V. M. 2010 When "negative" behaviors are positive: A contextual analysis of the long-term effects of problem-solving behaviors on changes in relationship satisfaction. Journal of Personality and Social Psychology ,98, 587-604.

Miller, B. C., McCoy, J. K., Olson, J. D., & Wallace, C. M. 1986 Parental discipline and control attempts in relation to adolescent sexual attitudes and behavior. Journal of Marriage and the Family ,48, 503-512.

Mischel, W., Shoda, Y., & Rodriguez, M. L. 1989 Delay of gratification in children. Science ,244, 933-938.

Paolucci, E. O., & Violato, C. 2004 A meta-analysis of the published research on the affective, cognitive, and behavioral effects of corporal punishment. Journal of Psychology ,138, 197-221.

Pekrun, R., Goetz, T., Daniels, L. M., Stupnisky, R. H., & Perry, R. P. 2010 Boredom in achievement settings: Exploring contro.-value antecedents and performance outcomes of a neglected emotion. Journal of Educational Psychology ,102, 531-549.

Radel, R., Sarrazin, P., Legrain, P., & Wild, T. C. 2010 Social contagion of motivation between teacher and student: Analyzing underlying processes. Journal of Educational

Psychology ,102, 577-587.

Rauscher, F. H., Shaw, G. L., & Ky, K.N. 1993 Music and spatial task performance. Nature ,365, 611.

Reinhardt, J. P., Boerner, K., & Horowitz, A. 2006 Good to have but not to use: Differential impact of perceived and received support on well-being. Journal of Social Personal Relationships ,23, 117-129.

Rodin, J., & Langer, E. J. 1977 Long-term effects of a control-relevant intervention with the institutionalized aged. Journal of Personality and Social Psychology ,35, 397-402.

Ryder, D. 1999 Deciding to change: Enhancing client motivation to change behavior. Behavior Change ,16, 165-174.

Sanna, L. J., Chang, E. C., Carter, S. E., & Small, E. M. 2006 The future is now: Prospective temporal self-appraisals among defensive pessimists and optimists. Personality and Social Psychology Bulletin ,32, 727-739.

Smoll, F. L., Smith, R. E., Barnett, N. P., & Everett, J. J. 1993 Enhancement of children' s self-esteem through social support training for youth sport coaches. Journal of Applied Psychology ,78, 602-610.

染谷和巳　2000　上司が「鬼」とならねば部下は動かず　プレジデント社

スポック ,B.（久米穣訳）　1981　スポック博士のしつけ教育　講談社

VanKleef, G. A., DeDrew, C. K. W., & Manstead, A. S. R. 2004 The interpersonal effects of anger and happiness in negotiations. Journal of Personality and Social Psychology ,86, 57-76.

Walton, M. D., Harris, A. R., & Davidson, A. J. 2009 "It makes me a man from the beating I took" : Gender and aggression in children' s narratives about conflict. Sex Roles ,61, 383-398.

Wayne, S. J., & Liden, R. C., 1995 Effects of impression management on performance ratings: A longitudinal study. Academy of Management Journal ,38, 232-260.

Wilson, T. D., & Schooler, J. W. 1991 Thinking too much: Introspection can reduce the quality of preferences and decisions. Journal of Personality and Social Psychology ,60, 181-192.

Winkelman, P., Berridge, K. C., & Wilbarger, J. L. 2005 Unconscious affective reactions to masked happy versus angry faces influence consumption behavior and judgments of value. Personality and Social Psychology Bulletin ,31, 121-135.

本書は、成美文庫のために書き下ろされたものです。

成美文庫

人気心理学者が教える「正しい」男の子の育て方・しつけ方

著　者　内《ない》藤《とう》誼《よし》人《ひと》

発行者　風早健史

発行所　成美堂出版

〒162-8445　東京都新宿区新小川町1-7

電話(03)5206-8151　FAX(03)5206-8159

印　刷　広研印刷株式会社

ISBN978-4-415-40200-0